Andreas Heiber
Die neue Pflegeversicherung

Andreas Heiber

Die neue Pflegeversicherung

Der Antrag – die Pflegestufen – die Leistungen:
Ihre neuen Möglichkeiten und Chancen

2., aktualisierte Auflage

Bibliografische Information der Deutschen Nationalbibliothek

Die Deutsche Nationalbibliothek verzeichnet diese Publikation in der Deutschen National-
bibliografie; detaillierte bibliografische Daten sind im Internet über http://dnb.d-nb.de abrufbar.

Das Werk ist urheberrechtlich geschützt. Alle Rechte, insbesondere die Rechte der
Verbreitung, der Vervielfältigung, der Übersetzung, des Nachdrucks und der Wiedergabe
auf fotomechanischem oder ähnlichem Wege, durch Fotokopie, Mikrofilm oder andere
elektronische Verfahren sowie der Speicherung in Datenverarbeitungsanlagen, bleiben,
auch bei nur auszugsweiser Verwertung, dem Verlag vorbehalten.

ISBN 978-3-7093-0503-4

Das Buch basiert auf dem Gesetzesstand von Oktober 2012. Es wird darauf verwiesen,
dass alle Angaben in diesem Buch trotz sorgfältiger Bearbeitung ohne Gewähr erfolgen
und eine Haftung des Autors oder des Verlages ausgeschlossen ist.

Konzeption und Realisation: Ariadne-Buch, Christine Proske, München
Redaktion: Cornelia Rüping

Umschlag: *stern* und buero8
© LINDE VERLAG WIEN Ges.m.b.H., Wien 2013
1210 Wien, Scheydgasse 24, Tel.: +43/1/24 630
www.lindeverlag.at
www.lindeverlag.de

Satz: psb, Berlin
Druck: Hans Jentzsch & Co. GmbH, 1210 Wien, Scheydgasse 31

Inhalt

Vorwort 7

Einleitung 9

Kapitel 1: Die Pflegeversicherung – Chancen und Grenzen 13
Was bedeutet „Pflegeversicherung"? 14
Schneller Überblick: Was ist neu im Jahr 2013? 17
Wie wird es in Zukunft weitergehen? 18

**Kapitel 2: Die neue Form der Beratung – freiwillig und
wohnortnah** 21
Die Pflegeberater der Pflegekasse: zu Neutralität verpflichtet 22
Wohnortnahe Beratung: die Pflegestützpunkte 26

Kapitel 3: Die drei Pflegestufen – Kriterien und Bedeutung ... 27
Welche Faktoren werden bei der Einstufung berücksichtigt? 28
Wie läuft die Begutachtung des Pflegebedürftigen ab? 35
Die Praxis: von Anträgen und Ablehnungen 65
So können Sie sich auf die Begutachtung vorbereiten 71
Der Bescheid über die Pflegestufe und das weitere Vorgehen 80

**Kapitel 4: Die Pflegepersonen im Mittelpunkt – Absicherung
und Pflegegeld** 89
Wie Pflegepersonen geschult werden 90
Das Pflegegeld: ein „Dankeschön" 92
Wie sind Pflegepersonen sozial abgesichert? 97
Das Pflegezeitgesetz: Arbeit und Pflege besser vereinbaren 102

5

Kapitel 5: Unterstützung zu Hause – Pflegedienste und weitere Leistungen 113

Unterstützung durch Pflegedienste: die Pflegesachleistungen 114

Sach- und Geldleistungen gleichzeitig: die Kombinationsleistung . 125

Auszeit für Pflegepersonen: die Verhinderungspflege 129

Was sind Zusätzliche Betreuungsleistungen? 134

Was ist unter „Pflegehilfsmittel" und „wohnumfeldverbessernde Maßnahmen" zu verstehen? 135

Neue Leistungen in ambulanten Wohngemeinschaften 138

Kapitel 6: Stationäre Versorgung – Angebote außerhalb der eigenen Wohnung 141

Wie ist die Finanzierung geregelt? 142

Tages- und Nachtpflege: zeitweise Entlastung 144

Unter welchen Umständen ist die stationäre Kurzzeitpflege möglich? 147

Versorgung im Pflegeheim: die vollstationäre Pflege 149

Was gilt bei der vollstationären Pflege für behinderte Menschen? .. 151

Zum guten Schluss: das Wichtigste in Kürze 153

Anhang 155

Pflegetagebuchformular 156

Wichtige Fundstellen 158

Stichwortverzeichnis 161

Weitere Titel 163

Mehr Service auf stern.de
- Schneller Überblick: Was ist neu im Jahr 2013?
- Pflegetagebuch – so führen Sie es richtig. Plus Formular zum Download
- Kombileistung – das steht Ihnen zu. Plus Umrechnungstabelle zum Download

Dies und mehr unter: www.stern.de/neuepflegeversicherung

Vorwort

Wenn engste Angehörige, meistens sind es die Eltern, zum Pflegefall werden, beginnt für viele nicht nur eine seelische Qual, sondern auch eine finanzielle: Das Geschäft mit der Pflege ist lukrativ, entsprechend teuer bis zur Wuchergrenze sind die Leistungen. Selbst Pflegehilfsmittel wie ein simples Plastikfrühstücksbrett für Schlaganfallpatienten – mit kleinen Nägeln, die den Toast halten sollen – kostet so viel, als käme es aus Meißen und wäre aus Porzellan. Gut, wenn man da weiß, welche Leistungen die Pflegekasse übernimmt und welche nicht.

Für die Angehörigen beginnt eine bürokratische Tortur: Sie müssen sich, oftmals buchstäblich über Nacht, mit dem Ungetüm Pflegeversicherung auseinandersetzen; müssen lernen, was Pflegestufen sind; und begreifen, dass die „Pflegeversicherung" gar keine Versicherung ist – sondern lediglich ein Zuschuss zu den hohen Kosten der Pflege.

Der *stern*-Ratgeber „Die neue Pflegeversicherung – Antrag und Leistungen, neue Möglichkeiten und Chancen", den Sie in Händen halten, hilft in allen Fragen weiter, die sich rund um die Pflegeversicherung stellen. Der Ratgeber beschreibt ausführlich, wann man welche Pflegestufe bekommen kann. Hinzu kommt eine präzise Vorbereitung auf den Besuch des Arztes vom Medizinischen Dienst, der das Gutachten für die Pflegestufe erstellt. Und es geht ums Geld, um Ihr Geld: Wann gibt es Pflegegeld? Wie viel bringt die Pflege von Angehörigen für die eigene Rente? Warum sollte man sich die Verhinderungspflege gönnen? Und natürlich: Wie viel Geld oder Sachleistungen gibt es in welcher Pflegestufe?

Der erfolgreiche Ratgeber ist komplett überarbeitet und auf den neuesten Stand gebracht worden.

Frank Thomsen
Chefredakteur *stern.de*

Einleitung

Unsere Gesellschaft wird insgesamt älter. Das wirkt sich auf uns alle aus. Immer mehr Menschen haben in ihrer Familie oder ihrem unmittelbaren Umfeld mit der Pflege und Versorgung von Angehörigen zu tun. Bei circa 80 Millionen Bundesbürgern beziehen heute schon mehr als 2,4 Millionen Menschen Leistungen der Pflegeversicherung, bei weiteren etwa drei Millionen geht man von einem Hilfe- und Pflegebedarf unterhalb der zeitlichen Grenzen der Pflegeversicherung aus. Die Pflegeversicherung und ihre Leistungen werden daher für viele Betroffene und ihre Angehörigen immer wichtiger.

Konkreter Anlass für den vorliegenden Ratgeber ist die aktuelle Pflegeversicherungsreform, die mit den meisten Änderungen zum 1.1.2013 in Kraft getreten ist. Damit sind nicht nur eine ganze Reihe von finanziellen Leistungen erhöht, sondern auch neue Regelungen und Verbesserungen eingeführt worden. Dieses Praxisbuch führt Sie durch die Welt des reformierten Pflegeversicherungsgesetzes, indem es die wichtigsten Begriffe, Leistungen und Abläufe erläutert. Es hilft Ihnen mit praktischen Tipps und vermittelt im Detail, was Sie von der Pflegeversicherung erwarten können und wo deren Grenzen sind.

Dabei werden die typischen Entscheidungsschritte und Abläufe durchlaufen, die mit dem Bezug von Pflegeversicherungsleistungen zusammenhängen. Zunächst erfahren Sie mehr über die Möglichkeiten und Grenzen der Pflegeversicherung: Nicht alles, was nötig und wünschenswert ist, kann die Pflegeversicherung finanzieren. Hier werden auch die wichtigsten aktuellen Änderungen dargestellt.

Ein wichtiges politisches Anliegen war und ist die verbesserte Form der Beratung, die nun durch Pflegeberater und Pflegestützpunkte umgesetzt werden soll. Was das bedeutet, beschreibt Kapitel 2.

Das Hauptproblem der Pflegeversicherung ist und bleibt die Einstufung in eine Pflegestufe, immerhin wird ein Drittel aller Anträge abgelehnt. Das könnte allerdings auch mit den vielen Wissenslücken über das Einstufungsverfahren zusammenhängen. Im dritten Kapitel wird daher der Weg zur sachgerechten Einstufung Schritt für Schritt aufgezeigt. Anschließend wird das Antragsverfahren erklärt.

Weiteres Thema sind die familiären und ehrenamtlichen Pflegepersonen, ohne die in der pflegerischen Versorgung in Deutschland nichts geht. Von Beginn an hat ihnen die Pflegeversicherung einen rechtlichen Status eingeräumt, der zumindest mit einigen finanziellen, sozialen und unterstützenden Leistungen verbunden ist. Seit 2008 gibt es zusätzlich das Pflegezeitgesetz, das ebenfalls ausführlich dargestellt wird. Diese Aspekte werden im vierten Kapitel erläutert.

Weitere Unterstützungsleistungen für die häusliche Pflege können über Pflegedienste erbracht werden, hierüber erfahren Sie in Kapitel 5 mehr, ebenso über mögliche Pflegehilfsmittel sowie neue Leistungen in ambulanten Wohngemeinschaften.

Als Alternative zur Versorgung zu Hause kommt die stationäre Pflege infrage. Deren besondere Strukturen und die eigenständige Finanzierung sind in Kapitel 6 dargestellt. Zu diesen Leistungen gehören zudem die Tages-/Nachtpflege sowie die Kurzzeitpflege, die auch die häusliche Versorgung mit sicherstellen können.

Anmerkung: Alle Beispiele im Buch beziehen sich auf die Leistungsbeträge, die ab 2013 gelten.

Gerade am Anfang – bei der sogenannten Einstufung in eine der drei Pflegestufen – ist es wichtig, gut informiert und vorbereitet zu sein. Denn nicht nur falsche Erwartungen, sondern auch lückenhafte Angaben können zu nicht sachgerechten Einstufungen und damit zu geringeren Leistungen führen. Wer die Pflegeversicherung verstehen und damit umgehen will oder muss, der sollte sich zunächst mit einigen Begriffen vertraut machen, die es so (nur) in der Pflegeversicherung gibt. Die folgenden Erklärungen, die teilweise im Text noch erweitert werden, sind auch im Gespräch mit den Pflegekassen hilfreich.

→ Die gesetzlichen Grundlagen der sozialen Leistungen, also die Säulen der Sozialversicherung sowie die Basissicherung, sind in den sogenannten Sozialgesetzbüchern (SGB) zusammengefasst.
   – Arbeitslosigkeit (Grundsicherung für Arbeitslose SGB II sowie Arbeitsförderung SGB III)
   – Gesetzliche Krankenversicherung SGB V
   – Gesetzliche Rentenversicherung SGB VI

- Gesetzliche Unfallversicherung SGB VII
- Rehabilitation und Teilhabe behinderter Menschen SGB IX
- Gesetzliche Pflegeversicherung SGB XI
- Leistungen der Sozialhilfe (als Basissicherung) SGB XII
- Die im Einzelfall wichtigen Paragrafen der Gesetzestexte sind jeweils mit den Abkürzungen zitiert, zum Beispiel bedeutet § 14 SGB XI Paragraf 14 Pflegeversicherungsgesetz.

→ Da die privaten Pflegeversicherungen mindestens die Leistungen auf dem Niveau der gesetzlichen Pflegeversicherung anbieten müssen, werden hier nur die Grundlagen und gesetzlichen Regelungen im Rahmen der gesetzlichen Krankenkassen (zum Beispiel AOK, DAK, BKK, IKK etc.) dargestellt. Natürlich kann man in der privaten Pflegeversicherung zusätzlich weitergehende Leistungen absichern.

→ Diejenigen, die nach beamtenrechtlichen Vorschriften oder Grundsätzen Anspruch auf Beihilfe oder Heilfürsorge haben, erhalten die Pflegeversicherungsleistungen jeweils zur Hälfte. Die weitere Versorgung wird über die besonderen Bestimmungen der Beihilfe oder Heilfürsorge geregelt. Auf diese Regelungen wird hier nicht eingegangen.

Die wichtigsten Fachbegriffe:

→ Hilfebedürftige(r): Mensch mit Hilfe- und Pflegebedarf unterhalb der Pflegestufe 1 der Pflegeversicherung; manchmal wird für sie auch hilfsweise die Bezeichnung „Pflegestufe 0" verwendet.

→ Medizinischer Dienst der Krankenversicherung (MDK): Er ist die Prüf- und Gutachterorganisation der gesetzlichen Kranken- und Pflegeversicherung (vergleichbar in etwa mit dem TÜV für Kraftfahrzeuge). Die Prüfer sind prinzipiell unabhängig und nur an die jeweils geltenden Richtlinien gebunden, arbeiten aber im Auftrag der jeweiligen Kassenverbände. Für die Bundesknappschaft übernimmt die Aufgabe des MDK deren (eigener) Sozialmedizinischer Dienst. Im Rahmen der Pflegeversicherung für die privaten Pflegekassen ist dafür die (eigenständige) Prüforganisation Medicproof zuständig. Im Text wird für alle Prüforganisationen zusammenfassend die Bezeichnung/Abkürzung „MDK" verwenden.

→ Pflegebedürftige(r): Mensch, der aufgrund seines Pflegebedarfs im Rahmen der Pflegeversicherung mindestens in Pflegestufe 1 eingestuft ist.

→ Pflegefachkräfte oder Pflegekräfte: Mitarbeiter von Pflegediensten und Pflegeheimen, die die Pflege und Versorgung beruflich (erwerbstätig) ausüben; Pflegefachkräfte haben eine dreijährige Berufsausbildung als Krankenschwester/-pfleger, Kinderkrankenschwester/-pfleger, Altenpfleger/-in oder Gesundheitspfleger/-in absolviert.

→ Pflegeperson: Angehörige sowie Nachbarn oder andere ehrenamtlich Tätige, die Hilfe- und/oder Pflegebedürftige unentgeltlich pflegen und versorgen. Eine „Belohnung" in (maximaler) Höhe des Pflegegeldes der Pflegeversicherung zählt nicht zum „Lohn" und wird auch in allen anderen Sozialversicherungsbereichen wie Arbeitslosenversicherung, aber auch bei der Steuerpflicht nicht als solcher angesehen (siehe hierzu Kapitel 4 unter „Das Pflegezeitgesetz: Arbeit und Pflege besser vereinbaren").

→ Pflegestufen: Einstufung der Pflegebedürftigen in drei Stufen sowie Härtefall (siehe Kapitel 3 „Die drei Pflegestufen – Kriterien und Bedeutung").

→ Zusätzliche Betreuungsleistungen für Menschen mit erheblich eingeschränkter Alltagskompetenz: Voraussetzung ist eine eigenständige Einstufung durch den MDK (siehe Kapitel 3 unter „Wie läuft die Begutachtung des Pflegebedürftigen ab?").

Kapitel 1

Die Pflegeversicherung – Chancen und Grenzen

In diesem Kapitel erfahren Sie, welche Möglichkeiten und Grenzen die Pflegeversicherung und ihre Leistungen grundsätzlich haben. Zudem werden die Leistungsverbesserungen, die durch das Pflege-Neuausrichtungsgesetz 2013 kommen, kurz dargestellt.

Die Pflegeversicherung bietet mit ihren verschiedenen Leistungen

→ sowohl eine Unterstützung (durch Pflegegeld) und soziale Absicherung der Pflegepersonen
→ als auch konkrete Unterstützung durch Dienstleistungen der Pflegedienste (Pflegesachleistung, Verhinderungspflege und Betreuungsleistungen) und
→ technische Unterstützung durch Pflegehilfsmittel.

Außerhalb der eigenen Wohnung kann zeitweise durch Leistungen wie Tagespflege und Kurzzeitpflege die häusliche Pflege gesichert werden, auch das Pflegeheim als Alternative finanziert die Pflegeversicherung anteilig.

Voraussetzung für jeglichen Leistungsbezug ist die Einstufung in eine Pflegestufe beziehungsweise die Einstufung für Zusätzliche Betreuungsleistungen. Grundlage der Pflegeeinstufung ist die Versorgungszeit, die für Körperpflege, Ernährung und Mobilität aufgewendet wird. Die Pflegeversicherung, die erst seit 1995 besteht, hat eine erheblich verbesserte und vielfältige Angebotsstruktur geschaffen und ist der Versuch, dem demografischen Wandel und seinen Folgen gerecht zu werden.

Was bedeutet „Pflegeversicherung"?

Rund um die Pflegeversicherung gibt es viele Missverständnisse und falsche Annahmen oder Erwartungen. Das liegt vermutlich unter anderem an ihrem Namen: Die Leistungen der Pflegeversicherung werden häufig mit denen der Krankenversicherung gleichgesetzt, obwohl die jeweiligen Gesetze völlig unterschiedlich „gebaut" sind. Die Krankenversicherung ist (eigentlich) eine Vollkaskoversicherung mit kleinen Eigenanteilen oder Zuzahlungen. Hier stellt sich nicht die Frage, was eine Therapie kostet, sondern ob sie zweckmäßig und sinnvoll und somit wirtschaftlich ist. Die Pflegeversicherung hingegen stellt keine Vollversicherung dar – in § 4 des Pflegeversicherungsgesetzes steht sehr klar: „Bei häuslicher und teilstationärer Pflege ergänzen die Leistungen der Pflegeversicherung die familiäre, nachbarschaftliche oder sonstige ehrenamtliche Pflege und Betreuung. Bei teil- und vollstationärer Pflege werden die Pflegebedürftigen von Aufwendungen entlastet."

Früher wurde die Pflegeversicherung auch als „Teilkaskoversicherung" bezeichnet. Das stimmt aber nicht ganz, denn eine Teilkaskoversicherung deckt für bestimmte Schadensarten alle Kosten ab. Richtig wäre es, die Pflegeversicherung als eine Zuschussleistung zu verstehen: Die Pflegeversicherung zahlt einen bestimmten Betrag, der von Pflegestufen abhängt, nicht aber vom tatsächlich notwendigen Bedarf. Zudem wird der Zuschuss unabhängig vom Einkommen oder von sozialen Kriterien bemessen, den Eigenanteil muss jeder selbst aufbringen.

Wer die Pflegeversicherung deshalb schlechtreden will, sollte einmal zurückschauen, wie sich die Absicherung der Pflegebedürftigkeit gestaltet hat, bevor die Pflegeversicherung eingeführt wurde: Lange Zeit gab es gar keine spezielle Pflegeleistung, sondern nur die ergänzende Leistung der Sozialhilfe. Erst mit dem Gesundheitsreformgesetz 1988 wurde eingeführt, dass im Rahmen der gesetzlichen Krankenversicherung Pflegeleistungen erbracht wurden. Diese betrugen maximal 750 D-Mark (für bis zu 25 Einsätze und bis zu einer Stunde Grundpflege durch einen Pflegedienst) für Schwerpflegebedürftige, die heute mindestens in Pflegestufe 2 oder 3 eingestuft sind (§ 55 alte Fassung SGB V). Das hat sich geändert, nachdem die Pflegeversicherung eingeführt wurde. So bekommen heute etwa eine Million Menschen Pflegeleistungen der Stufe 1, sie hätten vor Einführung der Pflegeversicherung gar keine Leistungen bekommen. Die folgenden zwei Beispiele zeigen, welche Leistungen es heute im Vergleich gibt.

Beispiele

Herr Schmidt ist in die Pflegestufe 1 eingestuft und benötigt laut Kostenvoranschlag des Pflegedienstes Leistungen im Umfang von circa 575 Euro. Die Pflegekasse finanziert bei Pflege zu Hause 450 Euro, sodass Herr Schmidt einen Eigenanteil von 125 Euro zu tragen hat. Vor Einführung der Pflegeversicherung hätte er die kompletten 575 Euro bezahlen müssen.

Herr Maier lebt im Pflegeheim und ist in Pflegestufe 3 eingestuft. Die gesamten Heimkosten betragen 3.135,69 Euro, die Aufwendungen für Pflege und Betreuung allein machen 2.255,98 Euro aus. Die Pflegekasse zahlt einen Zuschuss in Höhe von 1.550 Euro, der Eigenanteil liegt dann noch bei 1.585,69 Euro. Vor Einführung der Pflegeversicherung hätte Herr Maier auch die übrigen 1.550 Euro selbst bezahlen müssen.

In beiden Beispielen hat der Zuschuss der Pflegeversicherung zu einer deutlichen finanziellen Entlastung geführt, allerdings nicht die tatsächlichen Kosten ausgeglichen.

Schauen wir uns nun einmal an, wie die gesetzliche Pflegeversicherung eigentlich zu ihrem Geld kommt. Sie ist wie die gesetzliche Krankenversicherung oder die gesetzliche Rentenversicherung umlagefinanziert. Der Beitrag, der vom jeweiligen krankenversicherungspflichtigen Bruttogehalt abgezogen wird, macht seit dem 1.1.2013 2,05 Prozent aus (zuzüglich des sogenannten Kinderlosenzuschlags von 0,25 Prozent). Dieser Anteil wird in der Regel von Arbeitnehmern und Arbeitgebern zur Hälfte getragen, Rentner bezahlen den Beitrag komplett. Trotz dieser eher geringen Beiträge ist die gesetzliche Pflegeversicherung gerade für die derzeitigen Leistungsbezieher (die ja häufig auch Rentner sind) ein echter Gewinn!

Beispiel

Herr Schmidt aus dem Beispiel zuvor hat ein monatliches Renteneinkommen von brutto 2.300 Euro. Davon zahlt er für die Pflegeversicherung pro Monat 2,05 Prozent, das sind 47,15 Euro. Er erhält aktuell Pflegesachleistungen der Pflegestufe 1 in Höhe von 450 Euro. Dazu könnten noch Leistungen der Verhinderungspflege in Höhe von 1.550 Euro pro Jahr, eventuell notwendige Pflegehilfsmittel und Leistungen für die soziale Sicherung der Pflegeperson kommen.

Die Beispiele zeigen, dass die Einführung der Pflegeversicherung große Vorteile mit sich gebracht hat. Sie entlastet alle Pflegebedürftigen erheblich und hat (nebenbei) dazu geführt, dass die pflegerische Infrastruktur (Pflegedienste, Heime, Beratungsstellen etc.) enorm ausgebaut wurde.

Schneller Überblick: Was ist neu im Jahr 2013?

Wer bereits mit der Pflegeversicherung zu tun hat – sei es als Pflegebedürftiger oder als Angehöriger –, wird sich fragen, was das Pflege-Neuausrichtungsgesetz 2013 mit sich bringt. Wir haben hier eine kompakte Übersicht über alle Leistungen der Pflegeversicherung und die wesentlichen Neuerungen für Sie zusammengefasst.

→ Beim ersten Antrag auf Einstufung in eine Pflegestufe erhalten Sie von der Pflegekasse innerhalb von 2 Wochen das Angebot zu einer individuellen Beratung.

→ Das Einstufungsverfahren wurde beschleunigt: Nach 5 Wochen ab Eintragseingang steht die Pflegestufe fest. Falls dieser Zeitraum nicht eingehalten wird, ist die Pflegekasse zu Strafzahlungen an Sie verpflichtet.

→ Eine Dienstleistungsrichtlinie zum Begutachtungsverfahren soll die Begutachtung kundenorientierter und verständlicher gestalten (wir haben die wesentlichen Änderungen im Text bereits eingearbeitet, auch wenn die Richtlinie erst etwas später, ab April 2013, in Kraft tritt).

→ Es wird eine neue Sachleistungsart eingeführt, die „Häusliche Betreuung".

→ Die Pflegedienste können nun alle Leistungen nicht nur in Form von Leistungskomplexen oder Pauschalen anbieten, sondern auch nach Zeit.

→ Für Pflegebedürftige, die in ambulanten Wohngemeinschaften leben, gibt es pauschale Zuschüsse für die sogenannten Präsenzkräfte; zusätzlich stehen Zuschüsse als Anschubfinanzierung bei der Neugründung von Wohngemeinschaften bereit.

→ Finanzielle Verbesserungen gibt es 2013 nur für die Gruppe der Versicherten und Pflegebedürftigen mit erheblich eingeschränkter Alltagskompetenz nach § 45a: die Leistungen haben wir in der folgenden Tabelle zusammengestellt:

Verbesserte Leistungen für Versicherte und Pflegebedürftige mit erheblich eingeschränkter Alltagskompetenz nach § 45a		
		Eingeschränkte Alltagskompetenz
Sachleistung § 36		
	bis zu ... €	bis zu ... €
Ohne Pflegestufe	225	120
Pflegestufe 1	450	665
Pflegestufe 2	1.100	1.250
Pflegestufe 3	1.550	1.550
Härtefall	1.918	1.918
Pflegegeld § 37		
Pflegestufe 1	235	305
Pflegestufe 2	440	525
Pflegestufe 3	700	700

Darüber hinaus können Versicherte ohne Pflegestufe Leistungen der Verhinderungspflege beziehen sowie mit Pflegehilfsmitteln versorgt werden.

Die schon bisher geltenden Zusätzlichen Betreuungsleistungen nach § 45b (100 Euro bzw. 200 Euro pro Monat) gibt es weiterhin.

→ Für Pflegebedürftige mit erheblich eingeschränkter Alltagskompetenz gelten die höheren Sachleistungen auch in der Tagespflege (für die Pflegestufen 1 und 2)

→ Alle anderen Pflegebedürftigen erhalten keine höheren Leistungen.

Wie wird es in Zukunft weitergehen?

Auch mit dieser Gesetzesänderung steht fest, dass die nächste Veränderung der Pflegeversicherung kommen wird. Der Gesetzgeber ist sich bewusst, dass erst ein neuer Pflegebedürftigkeitsbegriff die besondere Situation der vor allem dementen Pflegebedürftigen besser bei der Einstufung berücksichtigen kann. Das schon entwickelte neue Einstufungsverfahren, das seit 3 Jahren fertig ist, bringt in der Umsetzung nicht nur weitere praktische Fragen mit sich, sondern es wird vermutlich auch teurer als die bisherige Lösung. Deshalb soll dies erst noch weiter untersucht werden, eine Kommission ist eingerichtet. Aus diesem Grund sind die Leistungsverbesserungen für Versicherte mit erheblich eingeschränkter Alltagskompetenz und die neue Leistungsart „Häusliche Betreuung" nur als „Übergangsregelung" im Gesetzestext benannt. Die nächste Reform wird kommen, aber auch diese wird sicherlich wieder 3 bis 4 Jahre auf sich warten lassen.

Kapitel 2

Die neue Form der Beratung – freiwillig und wohnortnah

In diesem Kapitel erfahren Sie, wie und wo Sie sich von Beginn an beraten lassen und wo Sie Pflegeeinrichtungen im Internet finden können.

„Von Pontius zu Pilatus" ist eines der geflügelten Worte, das die ehemalige Bundesgesundheitsministerin Ulla Schmidt häufig gebraucht hat, um zu begründen, warum man 2009 eine neue Beratungsform eingeführt und diese 2013 noch einmal erweitert hat. Bisher wäre es so, dass Pflegebedürftige und ihre Angehörigen „von Pontius zu Pilatus" laufen müssten, um Informationen über die verschiedenen Leistungen zu bekommen. Das soll mithilfe zweier konkreter Maßnahmen des Pflege-Weiterentwicklungsgesetzes aus dem Jahr 2008 sowie der Erweiterung 2013 verbessert werden:

→ Die Versicherten erhalten das Recht auf individuelle Pflegeberatung durch Pflegeberater nach § 7a SGB XI, die bei den Pflegekassen angesiedelt ist, und

→ es werden wohnortnahe sogenannte Pflegestützpunkte nach § 92a SGB XI eingerichtet, an denen Interessierte Informationen rund um die Versorgung im Wohnviertel bekommen können.

→ Zusätzlich ab 2013 wird allen Erstantragsstellern innerhalb der ersten 2 Wochen nach Eingang des Antrags ein konkreter Beratungstermin oder ein Beratungsgutschein für einen solchen kurzfristigen Termin angeboten.

Die Pflegeberater der Pflegekasse: zu Neutralität verpflichtet

Das Pflegeversicherungsgesetz schreibt seit 1996 (damals in § 72 Absatz 5, inzwischen in § 7) Folgendes vor: Die Pflegekassen müssen spätestens mit dem Bescheid über die Pflegestufe den Pflegebedürftigen Preisvergleichslisten der lokalen Pflegeeinrichtungen übermitteln und sie darüber hinaus bei Bedarf über die möglichen Leistungen beraten. Lange Zeit hatte dieser Gesetzesauftrag kaum Folgen, Preisvergleichslisten gab es so gut wie nie. Seit 2008 sind die Pflegekassen verpflichtet, entsprechende Preisvergleichslisten zu übersenden, sobald der Antrag auf Leistungen gestellt wird.

Tipp

Recherchieren Sie im Internet

Das Internet ist als Informationsmedium Teil unseres Alltags geworden. Auch bei der Suche nach Pflegediensten oder Pflegeheimen ist es sehr hilfreich: Einerseits haben inzwischen viele Pflegeanbieter eigene Homepages, auf denen man erste Informationen abrufen kann. Auch die Pflegekassen(verbände) haben inzwischen die Einrichtungs- und Preisvergleichslisten im Internet veröffentlicht. Hier sind zudem die Ergebnisse der Qualitätsprüfungen veröffentlicht. Die Internetadresse der AOK lautet: www.aok-pflegedienst-navigator.de beziehungsweise www.aok-pflegeheimnavigator.de. Die Ersatzkassen haben ihr Angebot „Pflegelotse" genannt (www.pflegelotse.de), der BKK-Bundesverband veröffentlicht die Daten unter www.bkk-pflegefinder.de. Im Grunde sind die Inhalte dieser Angebote identisch, denn alle Pflegeeinrichtungen haben mit allen Pflegekassen den gleichen Vertrag.

Die Pflegekassen bieten schon mit der Antragsstellung Beratung durch eigene Pflegeberater oder andere neutrale Berater an. In Fachbegriffe gefasst, werden die Berater „Case-" oder „Fallmanagement" betreiben. Diese Beratung steht Pflegebedürftigen sowie Beziehern von Betreuungsleistungen nach § 45b ohne Pflegestufe sowie Antragstellern und Versicherten mit einem erkennbaren, aber noch nicht anerkannten Hilfebedarf zu. Zur letzten Gruppe zählen zum Beispiel Versicherte mit Alzheimer-Diagnose, die noch keinen Pflegeantrag gestellt haben. Bei der Pflegeberatung geht es laut Gesetzestext darum,

→ den Hilfebedarf, der bei der Begutachtung durch den MDK festgestellt wurde, systematisch zu erfassen und zu analysieren;

→ einen individuellen Versorgungsplan mit den jeweils erforderlichen Sozialleistungen und gesundheitsfördernden, präventiven, kurativen, rehabilitativen oder sonstigen medizinischen sowie pflegerischen und sozialen Hilfen zu erstellen;

→ darauf hinzuwirken, dass die Maßnahmen, die zur Durchführung des erstellten Versorgungsplans erforderlich sind, vom jeweiligen Leistungsträger genehmigt werden (also zum Beispiel eine notwendige Behandlungspflege durch die Krankenkasse);

→ die Durchführung des Versorgungsplans zu überwachen und erforderlichenfalls einer veränderten Bedarfslage anzupassen (zum Beispiel, wenn sich der Gesundheitszustand verändert hat) sowie

→ in besonders komplexen Fällen den Hilfeprozess (die Versorgung) auszuwerten und zu dokumentieren.

Der Versorgungsplan soll auch konkrete Hinweise auf das örtliche Leistungsangebot (zum Beispiel Pflegedienste etc.) enthalten. In der Regel findet die Pflegeberatung vor Ort statt, da die Versorgungssituation maßgeblich durch die häusliche Situation des zu Pflegenden mitbestimmt wird. Wenn zum Beispiel in der Wohnung nur eine Badewanne, aber keine Dusche vorhanden ist, müsste anhand dieser konkreten Situation überlegt werden, wie der Pflegebedürftige trotzdem gebadet werden kann, beispielsweise mit dem Einsatz eines sogenannten Wannenlifters. Im Idealfall bespricht der Pflegeberater die gesamte Pflege und Versorgung und zeigt Möglichkeiten auf, zum Beispiel

→ Leistungen der Behandlungspflege über die Krankenversicherung,

→ die mögliche Finanzierung über die Sozialhilfe oder

→ steuerliche Erleichterungen, wenn die Angehörigen die Pflege mitfinanzieren.

Falls gewünscht, bereitet er auch die entsprechenden Anträge vor und kann sie direkt an die zuständigen Stellen weiterleiten.

Der Gesetzgeber hat diese Pflegeberatung direkt bei den Pflegekassen angesiedelt, weil er davon ausgeht, dass die Pflegekassenmitarbeiter kraft ihres Amtes neutral und damit im Sinne des Pflegebedürftigen beraten. Sie müssen beispielsweise auch für die Pflegekasse unter Umständen teurere Versorgungsformen empfehlen, wenn sie sachgerecht sind (§ 20 Absatz 2 SGB X: „Die Behörde hat alle für den Einzelfall bedeutsamen, auch die für die Beteiligten günstigen Umstände zu berücksichtigen.")

Beispiel

Herr Schmidt mit Pflegestufe 3 möchte weiterhin zu Hause bleiben. Dafür werden einige Pflegehilfsmittel wie ein Pflegebett, ein Badewannenlifter sowie eine Umbaumaßnahme zum barrierefreien Zugang notwendig. Aus Kostensicht wäre eine stationäre Pflege für die Pflegekasse günstiger, da sie hier nur die Pflegekosten übernimmt, aber nicht die technische Ausstattung finanziert. Da Herr Schmidt aber zu Hause bleiben will, unterstützt der Pflegeberater ihn bei den Anträgen auf die Pflegehilfsmittel. Die Pflegekasse finanziert in diesem Fall die für sie teurere Variante.

Schon in der Vergangenheit haben einzelne Pflegekassen Mitarbeiter zur Beratung in die Haushalte der Pflegebedürftigen geschickt. Dies geschah meist im Zusammenhang mit Behandlungspflegeleistungen zulasten der Krankenversicherung. Nicht immer konnte man sicher sein, dass die Pflegefachkräfte im Sinne der Pflegebedürftigen beraten haben, beispielsweise wenn es um die Frage ging, ob nicht auch Angehörige bestimmte Behandlungspflegen übernehmen könnten, obwohl sie es aufgrund der gesetzlichen Regelung nicht mussten. Die Pflegeberatung im Rahmen der Pflegeversicherung hat einen klaren rechtlichen Rahmen und ist dem Kundenwohl verpflichtet.

Gut zu wissen

Sie als Versicherter haben die Wahl

Ob Sie als Versicherter die Pflegeberatung der Pflegekassen in Anspruch nehmen wollen oder nicht, liegt ganz bei Ihnen. Sie entscheiden zudem über Umfang und Dauer der Beratung und haben das Recht, jederzeit auf weitere Beratung zu verzichten. Auch bei schon laufender Versorgung dürfen Sie die Pflegeberatung in Anspruch nehmen. Daneben ist weiterhin die Beratung bei Pflegeeinrichtungen oder anderen Beratungsstellen möglich.

Wohnortnahe Beratung: die Pflegestützpunkte

Im Konzept der Pflegeberatung sollen die Büros der Pflegeberater vor Ort im Wohngebiet die Pflegestützpunkte darstellen, so zumindest hatte sich der Gesetzgeber das gedacht. Auf diese Weise sollen die Berater schnell und direkt am Wohnort erreichbar sein und kompetent alle Fragen rund um Pflege und Versorgung im Stadtviertel beantworten können. Ihre Aufgabe ist es zudem, die vorhandenen Angebote zu vernetzen und zu koordinieren. Im Pflegestützpunkt gibt es – anders, als der Name vermuten lässt – allerdings keine Pflege, sondern nur Informationen darüber.

Die durch die Reform 2008 eingeführten Pflegestützpunkte haben sich je nach Bundesland unterschiedlich entwickelt. Was man feststellen kann: Es gibt heute viel mehr Beratungsmöglichkeiten, sei es über Pflegestützpunkte, andere Anlaufstellen, kommunale Seniorenbüros oder auch Angebote der Wohlfahrt oder einzelner Pflegeanbieter. Auf jeden Fall haben Sie das Recht auf Beratung und sollten dies möglichst frühzeitig in Anspruch nehmen.

Kapitel 3

Die drei Pflegestufen – Kriterien und Bedeutung

In diesem Kapitel erfahren Sie, wie die Pflegestufen festgelegt sind und nach welchen Kriterien die Einstufung erfolgt. Sie erhalten zusätzlich viele praktische und hilfreiche Tipps rund um die Einstufung.

Grundlage für den Bezug von Pflegeversicherungsleistungen für einen Hilfe- oder Pflegebedürftigen ist ein Verfahren, das genau genommen aus zwei Schritten besteht:

→ aus der Einstufung nach Pflegestufen sowie

→ der Einstufung für Versicherte mit erheblich eingeschränkter Alltagskompetenz, die dann (allein) zum Bezug von höheren Sachleistungen beziehungsweise Pflegegeld und Zusätzlichen Betreuungsleistungen nach § 45b berechtigt.

Früher wurden beide Einstufungen auf einmal durchgeführt, und zwar bei der Begutachtung zur Pflegestufe. Konnte keine Pflegestufe festgestellt werden, wurde nicht mehr geprüft, ob dennoch ein erheblicher allgemeiner Betreuungsbedarf vorliegt. Seit Juli 2008 können auch Versicherte ohne Pflegestufe diese Zusätzlichen Betreuungsleistungen erhalten. Deshalb ist nun in jedem Fall, also auch bei Ablehnung der Pflegestufe, zu ermitteln, ob eine erheblich eingeschränkte Alltagskompetenz vorliegt oder nicht.

Welche Faktoren werden bei der Einstufung berücksichtigt?

Das Pflegeversicherungsgesetz selbst (und nicht etwa die Prüfer des MDK) legt sehr genau die einzelnen Kriterien für die Pflegestufen fest. Im Gesetzestext findet sich folgende Definition von „Pflegebedürftigkeit": *„Pflegebedürftig im Sinne dieses Buches sind Personen, die wegen einer körperlichen, geistigen oder seelischen Krankheit oder Behinderung (1) für die gewöhnlichen und regelmäßig wiederkehrenden Verrichtungen im Ablauf des täglichen Lebens (2) auf Dauer, voraussichtlich für mindestens sechs Monate (3), in erheblichem oder höherem Maße (4) (§ 15 SGB XI) der Hilfe (5) bedürfen"* (§ 14 Absatz 1 SGB XI).

Gut zu wissen

Betrachten Sie die Einstufungskriterien als Filter

Die Pflegeversicherung hat für die Leistungsverteilung eine eigene Art der Sortierung entwickelt. Die Pflegestufen sind im Prinzip nichts anderes als Filter, mit denen aus der Gruppe der Versicherten die Leistungsempfänger „herausgefiltert" werden. Die aktuell geltenden Einstufungskriterien entspringen deshalb nicht pflegewissenschaftlichen oder lebenspraktischen Erkenntnissen, sondern sollten als eine eigenständige (Versicherungs-)Definition betrachtet werden.

Was unter den fünf im Gesetzestext genannten und von uns nummerierten Kriterien zu verstehen ist, erklären wir Ihnen im Folgenden.

(1) Krankheit oder Behinderung

Zu Krankheiten oder Behinderungen werden folgende Krankheitsbilder gezählt:

→ Verluste, Lähmungen oder andere Funktionsstörungen am Stütz- und Bewegungsapparat
→ Funktionsstörungen der inneren Organe oder der Sinnesorgane
→ Störungen des Zentralnervensystems wie Antriebs-, Gedächtnis- oder Orientierungsstörungen sowie endogene Psychosen, Neurosen oder geistige Behinderungen (§ 14 Absatz 2 SGB XI)

(2) Die gewöhnlichen und regelmäßig wiederkehrenden Verrichtungen im Ablauf des täglichen Lebens

Hierzu gibt das Gesetz (§ 14 Absatz 4 SGB XI) eine Liste von Tätigkeiten vor, bei denen der Pflegebedürftige Hilfe benötigt. Da es sich um eine abschließende Liste handelt, zählen aus Sicht des Pflegeversicherungsgesetzes nur die hier aufgeführten Verrichtungen dazu.

→ Im Bereich der Körperpflege: Waschen, Duschen, Baden, Zahnpflege, Kämmen, Rasieren, Darm- oder Blasenentleerung

→ Im Bereich der Ernährung: das mundgerechte Zubereiten oder die Aufnahme (Anreichen) der Nahrung

→ Im Bereich der Mobilität: selbständiges Aufstehen und Zu-Bett-Gehen, An- und Auskleiden, Gehen, Stehen, Treppensteigen oder das Verlassen und Wiederaufsuchen der Wohnung

→ Im Bereich der hauswirtschaftlichen Versorgung: Einkaufen, Kochen, Reinigen der Wohnung, Spülen, Wechseln und Waschen der Wäsche und Kleidung oder das Beheizen (immer nur in Bezug auf den Lebensbereich des Pflegebedürftigen)

Die Bereiche Körperpflege, Ernährung und Mobilität werden zur sogenannten Grundpflege zusammengefasst. Was an einzelnen Schritten/Tätigkeiten zu den jeweiligen Verrichtungen gehört, erfahren Sie in Kapitel 2 unter „Wie läuft die Begutachtung des Pflegebedürftigen ab?" detaillierter.

Nicht zu den laut Pflegeversicherungsgesetz zu berücksichtigenden täglichen Verrichtungen gehören beispielsweise Spaziergänge, gemeinsames Einkaufen, aber auch Gespräche, Spiele und allgemeine Betreuung oder Beaufsichtigung, beispielsweise um zu verhindern, dass der Pflegebedürftige die Wohnung verlässt.

Verrichtungsbezogene krankenspezifische Pflegemaßnahmen

Zu den bisher beschriebenen im Pflegeversicherungsgesetz festgelegten Verrichtungen kommen als Besonderheit noch einige medizinische Leistungen dazu, die normalerweise zur ärztlich verordneten Behandlungspflege (im Rahmen der Krankenversicherung) gehören. Das Wortungetüm „verrichtungsbezogene krankenspezifische Pflegemaßnahmen" bezeichnet die medizinischen Behandlungspflegemaßnahmen, die vom Arbeitsablauf her unmittelbar zeitlich und fachlich mit einer der oben genannten Verrichtungen zusammenhängen. Dazu gehört zum Beispiel das Einreiben mit einer vom Arzt verordneten

Hautcreme unmittelbar nach dem Duschen (und vor dem Ankleiden) oder das Anziehen von Kompressionsstrümpfen beim Anlegen der (anderen) Kleidung. Unabhängig davon, ob diese Leistungen von der Krankenkasse als häusliche Krankenpflege nach § 37 SGB V finanziert und durch den Pflegedienst erbracht werden, wird der damit verbundene Zeitaufwand immer bei der Begutachtung für die Pflegestufe berücksichtigt.

Tipp

Überprüfen Sie das Einstufungsgutachten

Der Zeitaufwand für solche Leistungen zählt auch dann bei der Einstufung, wenn sie später/weiterhin von einem Pflegedienst erbracht und von der Krankenkasse bezahlt werden. Dies wurde erst durch die Gesundheitsreform der Krankenversicherung im April 2007 klargestellt, vorher gab es hier zum Teil gegensätzliche Regelungen aufgrund von Entscheidungen des Bundessozialgerichts. Falls für den Pflegebedürftigen solche Behandlungspflegen durch einen Pflegedienst erbracht werden, überprüfen Sie das Einstufungsgutachten daraufhin, ob die dafür nötige Zeit schon berücksichtigt wurde oder nicht.

(3) Voraussichtlich für mindestens 6 Monate

Damit ist nicht gemeint, dass die Pflegebedürftigkeit bereits so lange vorhanden sein muss. Vielmehr besagt dieses Kriterium, dass die (verursachende) Krankheit oder Behinderung dauerhaft anhalten muss, die Diagnose also mindestens 6 Monate gültig sein wird. Hierzu folgen zwei Beispiele: Nach einem Schlaganfall kann der Versicherte schon am nächsten Tag als pflegebedürftig eingestuft werden. Gleiches gilt auch, wenn der Pflegebedürftige voraussichtlich nicht mehr so lange leben wird, beispielsweise bei einer akuten Krebserkrankung.

(4) Hilfe

Die Hilfe bei einer Verrichtung kann in fünf verschiedenen Varianten erfolgen:

→ als Unterstützung,
→ als teilweise oder
→ vollständige Übernahme der Verrichtungen im Ablauf des täglichen Lebens,
→ als Beaufsichtigung oder
→ als Anleitung mit dem Ziel der eigenständigen Übernahme dieser Verrichtungen (§ 14 Absatz 3 SGB XI).

Hilfe in diesem Sinne bedeutet also nicht nur, dass die Pflegeperson selbst etwas ausführt, zum Beispiel das Gesicht des Pflegebedürftigen wäscht. Hierzu zählt auch, wenn sie den Pflegebedürftigen ermuntert, sich das Gesicht eigenständig zu waschen, und ihn dabei nur beaufsichtigt.

Tipp

Was wäre, wenn ...?

Die Frage, ob der Pflegebedürftige bei den einzelnen Verrichtungen tatsächlich Hilfe braucht, lässt sich am besten beantworten, indem Sie die Frage stellen: Was wäre, wenn ich nicht in der Wohnung und der Pflegebedürftige allein wäre? – Würde er sich alleine waschen? Weiß er (noch), dass er sich waschen sollte? Kann er sich alleine waschen?

(5) In erheblichem oder höherem Maße: die Einteilung in Pflegestufen

Der letzte Teil der Definition bezieht sich darauf, wie viel Zeit gebraucht wird, um die nötige Hilfe geben zu können. Es geht darum, ab welchem Zeitaufwand welche Pflegestufe anzusetzen ist (§ 15 SGB XI). Maßstab für die Zeitermittlung ist, wie lange ein Familienangehöriger oder eine andere nicht als

Pflegekraft ausgebildete Pflegeperson braucht. Es kommt deshalb nicht darauf an, wie viel Zeit eine professionelle Pflegekraft oder Pflegefachkraft zu Hause oder im Heim benötigt. Die Zeiten werden in drei Pflegestufen eingeteilt.

Pflegestufe 1: erhebliche Pflegebedürftigkeit

→ Hilfebedarf für insgesamt wenigstens zwei Verrichtungen in den Bereichen Körperpflege, Ernährung und Mobilität (Grundpflege) mindestens einmal täglich sowie mehrfach in der Woche Hilfe bei der Hauswirtschaft,
→ Gesamtbedarf von mindestens 90 Minuten pro Tag,
→ dabei mehr als 45 Minuten im Bereich der Grundpflege.

Pflegestufe 2: Schwerpflegebedürftigkeit

→ Hilfebedarf mindestens dreimal täglich zu verschiedenen Tageszeiten in den Bereichen Körperpflege, Ernährung und Mobilität (Grundpflege) sowie mehrfach in der Woche Hilfe bei der Hauswirtschaft,
→ Gesamtbedarf von mindestens 180 Minuten pro Tag,
→ dabei mindestens 120 Minuten im Bereich der Grundpflege.

Pflegestufe 3: Schwerstpflegebedürftigkeit

→ Hilfebedarf rund um die Uhr, auch nachts, in den Bereichen Körperpflege, Ernährung und Mobilität (Grundpflege) sowie mehrfach in der Woche Hilfe bei der Hauswirtschaft,
→ Gesamtbedarf von mindestens 300 Minuten pro Tag,
→ dabei mindestens 240 Minuten im Bereich der Grundpflege.

Die Besonderheit bei Pflegestufe 3 ist der nächtliche Hilfebedarf (in der Zeit von 22:00 Uhr bis 6:00 Uhr), der immer regelmäßig (und nicht nur ausnahmsweise) vorliegen muss.

Beispiel

Herr Müller ist bettlägerig, stark übergewichtig und benötigt viel Hilfe im Lauf des Tages, insgesamt circa vier Stunden (240 Minuten). Aufgrund seines Körpergewichts können verschiedene Pflegetätigkeiten immer nur von zwei Kräften gemeinsam ausgeführt werden, sodass der gesamte Zeitaufwand sechs Stunden (360 Minuten) beträgt. Abends, um 21:30 Uhr wird er letztmalig versorgt, danach schläft er bis morgens um 6:30 Uhr meist ohne Störung durch. Herr Müller wäre trotz des hohen Zeitaufwands nur in Pflegestufe 2 einzustufen, weil bei ihm kein nächtlicher Hilfebedarf vorliegt.

Härtefallregelung: außergewöhnlich hoher Pflegeaufwand

Eine Sonderform ist die Härtefallregelung. Nur Personen, die der Pflegestufe 3 zugewiesen wurden, können zusätzlich als Härtefall anerkannt werden. Weiterhin gilt als Voraussetzung:

→ Der Pflegebedürftige braucht Hilfe bei der Körperpflege, der Ernährung oder der Mobilität für mindestens sechs Stunden täglich, davon mindestens dreimal in der Nacht (bei Pflegebedürftigen in vollstationären Pflegeeinrichtungen ist auch die auf Dauer bestehende medizinische Behandlungspflege zu berücksichtigen) oder

→ die Grundpflege für den Pflegebedürftigen kann auch nachts nur von mehreren Pflegekräften gemeinsam (zeitgleich) erbracht werden. Dies erfordert, dass wenigstens bei einer Verrichtung tagsüber und nachts neben einer professionellen Pflegekraft mindestens eine weitere Pflegeperson, die nicht bei einem Pflegedienst beschäftigt sein muss (zum Beispiel Angehörige), tätig werden muss. (Härtefallrichtlinie mit Stand vom 28.10.2005).

Gut zu wissen

Anspruch auf höhere Sachleistungsbeträge?

Wer als Härtefall eingestuft ist, kann Anspruch auf höhere Sachleistungsbeträge nach § 36 oder § 43 (stationär) haben. Darüber
erfahren Sie in Kapitel 5 unter „Unterstützung durch Pflegedienste: die Pflegesachleistungen" mehr.

Für alle Pflegestufen gilt: Die entscheidende Hürde ist die jeweils notwendige
Zeit, die für die Grundpflege aufgebracht werden muss, ab Pflegestufe 3
kommt dann noch der nächtliche Hilfebedarf hinzu. Manchmal werden Mut-
maßungen laut, der MDK hätte Vorgaben, wie hoch der Prozentsatz der Pflegestufe 3 unter den Pflegebedürftigen sein dürfe. Solche Vorgaben gibt es
nicht: Wenn sehr aufwendige Pflegen nicht in die Pflegestufe 3 kommen, liegt
das daran, dass nachts kein regelmäßiger Hilfebedarf vorliegt.

Wie läuft die Begutachtung des Pflegebedürftigen ab?

Der Pflegebedürftige oder ein von ihm Bevollmächtigter beantragt Leistungen
der Pflegeversicherung. Die Pflegekasse beauftragt daraufhin den MDK oder
andere entsprechend qualifizierte Gutachter damit, die Situation des Pflegebedürftigen zu beurteilen. Auf Basis des erstellten Gutachtens entscheidet
dann die Pflegekasse über den Antrag und damit über die Pflegestufe. Die
Begutachtung findet in der Regel in der Wohnung des Pflegebedürftigen (bei
ambulanter Pflege) oder im Pflegeheim, ausnahmsweise auch im Krankenhaus
oder in einer Rehabilitationseinrichtung statt. Am Wohnort des Pflegebedürftigen kann sich der Gutachter am besten ein Bild von den individuellen Le-
bensumständen machen und diese in seinem Gutachten und bei der Zeitermittlung berücksichtigen.

Ausnahmsweise kann auch eine Begutachtung nach Aktenlage erfolgen,
wenn die Diagnose eindeutig ist, zum Beispiel beim apallischen Syndrom

(Wachkoma). Auch Höherstufungsanträge werden häufig nach Aktenlage entschieden, vor allem wenn beispielsweise weitere Unterlagen wie ein ausgefülltes Pflegetagebuch dem Antrag beigelegt sind.

Der MDK oder ein Gutachter meldet sich zur Begutachtung schriftlich an, informiert dabei schon über den Ablauf und nennt einen Termin mit einem Zeitfenster von maximal 2 Stunden. Falls der Pflegebedürftige verhindert ist – zum Beispiel wegen eines Arztbesuchs, aber auch, wenn die Pflegeperson keine Zeit hat, der Pflegebedürftige jedoch bei der Begutachtung nicht allein sein will –, ist es am besten, kurzfristig einen Ersatztermin mit dem MDK oder den Gutachtern zu vereinbaren. Verweigert der Pflegebedürftige dem Gutachter den Zutritt zur Wohnung oder zum Zimmer im Pflegeheim, kann die Pflegekasse die Leistung kürzen oder eventuell streichen. Ohne Mitwirkung des Pflegebedürftigen kann es keine Pflegeeinstufung geben. Wie Sie einen Angehörigen auf einen solchen Besuch vorbereiten, erfahren Sie in Kapitel 3 unter „So können Sie sich auf die Begutachtung vorbereiten".

Als Einstufungsgutachter arbeiten Ärzte oder Pflegefachkräfte, die dafür besonders ausgebildet sind. Dabei müssen sie eine ausführliche Richtlinie zur Begutachtung der Pflegebedürftigkeit berücksichtigen, die die Pflegekassen mit Genehmigung des zuständigen Bundesministeriums erlassen haben und die für sie selbst und den MDK sowie alle anderen von der Pflegekasse beauftragten Gutachter verbindlich ist. Den folgenden Ausführungen liegt die bisher gültige Fassung vom August 2009 zugrunde.

Diese Richtlinie beschreibt auf fast 200 Seiten, wie der Prüfer genau vorzugehen und wie er das Gutachtenformular auszufüllen hat. Die in der Praxis wichtigsten Punkte stellen wir in der Reihenfolge dar, wie sie im Gutachtenformular vorkommen. Dies entspricht gleichzeitig dem normalen Ablauf eines Einstufungsbesuchs.

Versorgungssituation

Im ersten Schritt klärt der Gutachter die aktuelle Lage ab. Dabei fragt er allgemeine Angaben zur Adresse des Pflegebedürftigen, Ärzten und beantragten/bezogenen Leistungen ab. Zudem geht es um die hausärztliche Versorgung, mögliche Behandlungspflegen, vorhandene Hilfsmittel sowie die momentane pflegerische und hauswirtschaftliche Versorgung durch Pflegepersonen und/ oder einen Pflegedienst.

Achten Sie darauf, dass Sie dem Gutachter tatsächlich alle Pflegepersonen nennen, die im Sinne der „täglich wiederkehrenden Verrichtungen" helfen. Vergessen Sie beispielsweise nicht die Nachbarin, die einmal in der Woche einkauft. Diese Angaben sind auch wichtig für die soziale Absicherung dieser Personen, in jedem Fall sind sie für die Unfallversicherung von Bedeutung (siehe dazu Kapitel 4 unter „Wie sind Pflegepersonen sozial abgesichert?").

Pflegerelevante Vorgeschichte und Wohnverhältnisse

Im nächsten Schritt beschreibt der Gutachter die pflegerelevante Vorgeschichte sowie die Wohnsituation. Dabei prüft er auch konkrete räumliche Bedingungen, die bei der Pflege eine Rolle spielen. Ein vom Schlafzimmer weit entferntes Badezimmer zum Beispiel bedeutet praktisch, dass der Zeitaufwand, um dorthin zu gelangen, höher ist, als wenn das Badezimmer direkt neben dem Schlafzimmer liegt. Auch das Duschen in einer Badewanne ist schwieriger und aufwendiger als in einer Dusche. Und schließlich geht es bei der Einstufung ja um den echten Zeitbedarf.

Gut zu wissen

Sonderfall stationäre Einrichtung

Bei der Begutachtung in einer stationären Einrichtung oder wenn es um den Einzug in ein Pflegeheim geht, wird eine „durchschnittliche häusliche Wohnsituation" zugrunde gelegt, die in der Begutachtungsrichtlinie festgelegt ist. Die Durchschnittswohnung liegt im ersten Stock, besteht aus zwei Zimmern, Küche, Diele sowie einem nicht barrierefreien Bad, sie ist also nicht „behindertengerecht" ausgestattet. Würde man die barrierefreien Bedingungen in einem Pflegeheim heranziehen, wären beispielsweise die notwendigen Transferzeiten zwischen Schlafzimmer und Badezimmer kürzer und es käme bei der Zeitermittlung zu einer Benachteiligung der Pflegebedürftigen, die (noch) zu Hause wohnen.

Erheblich eingeschränkte Alltagskompetenz

Im dritten Teil werden als Erstes die sogenannten gutachterlichen Befunde festgehalten. Darunter fallen die Beschreibung des körperlichen Allgemeinzustands und der vorhandenen Schädigungen/Beeinträchtigungen sowie deren Auswirkungen auf die Aktivitäten des täglichen Lebens. Dazu kommen die pflegebegründenden Diagnosen. In diesem Zusammenhang haben die Diagnosen doppelte Bedeutung, die sich auf Demenzen, geistige Behinderungen oder psychische Erkrankungen beziehen: Sie sind Voraussetzung für die zusätzliche „Einstufung", dass ein erheblicher allgemeiner Betreuungsbedarf vorliegt.

Der nächste Abschnitt des Gutachterformulars beschreibt, wie vorzugehen ist, um eine erheblich eingeschränkte Alltagskompetenz festzustellen. Diese Begutachtung gliedert sich in zwei Schritte.

1. Screening

Der Begriff „Screening" (auf Deutsch: „das Aussieben" oder „Rasterung") beschreibt eine erste Bestandsaufnahme beziehungsweise eine Vorprüfung. Dabei wird nach Auffälligkeiten in folgenden Bereichen gefahndet:

→ Orientierung
→ Antrieb/Beschäftigung
→ Stimmung
→ Gedächtnis
→ Tag-Nacht-Rhythmus
→ Wahrnehmung und Denken
→ Kommunikation/Sprache
→ Situatives Anpassen
→ Soziale Bereiche des Lebens wahrnehmen

Wenn der Gutachter dabei mindestens eine Auffälligkeit feststellt,

→ deren Ursache eine demenzbedingte Fähigkeitsstörung, eine geistige Behinderung oder eine psychische Erkrankung ist und
→ die regelmäßig und dauerhaft (voraussichtlich für mindestens 6 Monate) zu einem Betreuungs- und Beaufsichtigungsbedarf führt,

dann soll er den zweiten Schritt, das Assessment, durchführen.

2. Assessment

Der Gesetzgeber hat eine Liste von 13 Schädigungen und Funktionsstörungen (sogenannte Items) im Gesetzestext des § 45a SGB XI festgelegt, die im Rahmen des Assessments zu beurteilen sind.

1. Unkontrolliertes Verlassen des Wohnbereichs (Weglauftendenz)
2. Verkennen oder Verursachen gefährdender Situationen
3. Unsachgemäßer Umgang mit gefährlichen Gegenständen oder potenziell gefährdenden Substanzen
4. Tätlich oder verbal aggressives Verhalten in Verkennung der Situation
5. Im situativen Kontext inadäquates Verhalten
6. Unfähigkeit, die eigenen körperlichen und seelischen Gefühle oder Bedürfnisse wahrzunehmen
7. Unfähigkeit zu einer erforderlichen Kooperation bei therapeutischen oder schützenden Maßnahmen als Folge einer therapieresistenten Depression oder Angststörung
8. Störungen der höheren Hirnfunktionen (Beeinträchtigungen des Gedächtnisses, herabgesetztes Urteilsvermögen), die zu Problemen bei der Bewältigung von sozialen Alltagsleistungen geführt haben
9. Störung des Tag-Nacht-Rhythmus
10. Unfähigkeit, eigenständig den Tagesablauf zu planen und zu strukturieren
11. Verkennen von Alltagssituationen und inadäquates Reagieren in Alltagssituationen
12. Ausgeprägtes labiles oder unkontrolliert emotionales Verhalten
13. Zeitlich überwiegend Niedergeschlagenheit, Verzagtheit, Hilflosigkeit oder Hoffnungslosigkeit aufgrund einer therapieresistenten Depression

Im Rahmen der Begutachtungsrichtlinie (Punkt E) wird anhand von praktischen Beispielen verdeutlicht, wie die Bewertung dieser Punkte zu verstehen ist. Zu 1. Unkontrolliertes Verlassen des Wohnbereichs (Weglauftendenz) findet sich folgendes Beispiel:

„Ein „ja" ist zu dokumentieren, wenn der Antragsteller seinen beaufsichtigten und geschützten Bereich ungezielt und ohne Absprache verlässt und so seine oder die Sicherheit anderer gefährdet. Ein Indiz für eine Weglauftendenz kann sein, wenn der Betroffene zum Beispiel

→ *aus der Wohnung herausdrängt,*
→ *immer wieder seine Kinder, Eltern außerhalb der Wohnung sucht beziehungsweise zur Arbeit gehen möchte,*
→ *planlos in der Wohnung umherläuft und sie dadurch verlässt."*

(Aus Anlage zu Anlage 2, Verfahren zur Feststellung von Personen mit erheblich eingeschränkter Alltagskompetenz, Stand: August 2009)

Der Gutachter muss für jeden dieser 13 Items ermitteln, ob

→ ein Beaufsichtigungs- und Betreuungsbedarf (unabhängig von der notwendigen Zeitdauer),
→ auf Dauer (voraussichtlich für mindestens 6 Monate) und
→ regelmäßig besteht (grundsätzlich täglich, auch wenn beispielsweise die Art der Betreuung unterschiedlich ist).

Die Einteilung erfolgt in zwei Kategorien, danach richtet sich auch die finanzielle Höhe der Betreuungsleistung (siehe Kapitel 5 unter „Was sind Zusätzliche Betreuungsleistungen?"). Außerdem führt jede Einstufung dazu, dass dem Versicherten oder Pflegebedürftigen erhöhte Sach- oder Geldleistungsbeträge zur Verfügung stehen (siehe Kapitel 5 unter „Unterstützung durch Pflegedienste: die Pflegesachleistungen"):

1. Die Alltagskompetenz ist erheblich eingeschränkt, wenn der Gutachter des MDK beim Pflegebedürftigen

→ wenigstens bei zwei Items,
→ davon mindestens einmal aus einem der Bereiche 1 bis 9,
→ dauerhafte und regelmäßige Schädigungen oder Fähigkeitsstörungen feststellt.

Diese Einstufung berechtigt zum Leistungsbezug des sogenannten Grundbetrags (siehe Kapitel 5 unter „Was sind Zusätzliche Betreuungsleistungen?").

2. Die Alltagskompetenz ist in erhöhtem Maß eingeschränkt,

→ wenn eine erhebliche Einschränkung der Alltagskompetenz vorliegt und
→ zusätzlich bei mindestens einem weiteren Item aus den Bereichen 1, 2, 3, 4, 5, 9 und 11 eine Störung festgestellt wird.

Diese Einstufung berechtigt zum Leistungsbezug des sogenannten erhöhten Betrags (siehe Kapitel 5 unter „Was sind Zusätzliche Betreuungsleistungen?").

Der Gutachter hat auch abzuschätzen, seit wann die festgestellten Fähigkeitsstörungen vorliegen.

Gut zu wissen

Neu seit 1.7.2008

Bis zum 1.7.2008 hat ein MDK-Gutachter dann kein Screening oder Assessment durchführen müssen, wenn er erkennen konnte, dass keine Pflegestufe vorlag. Seit 1.7.2008 ist dies neu und anders geregelt, da diese Begutachtung auch unabhängig von einer Pflegestufe zu erfolgen hat. Welche Folgen das für die Begutachtungen mit Ablehnung aus der Vergangenheit (vor 2008) hat, erfahren Sie in Kapitel 3 unter „Die Praxis: von Anträgen und Ablehnungen".

Das ist auch für diejenigen interessant, deren Pflegestufenanträge abgelehnt wurden, denn sie können vielleicht doch eine Einstufung für Betreuungsleistungen bekommen. Wenn Sie der Meinung sind, dass eine solche Einstufung für Sie oder Ihren Angehörigen als Pflegebedürftigen zutreffen könnte, sollte ein neuer Antrag auf Feststellung einer erheblich eingeschränkten Alltagskompetenz gestellt werden.

Ermittlung des Zeitaufwands

Der vierte Teil des Gutachtens enthält den wichtigsten Schritt der Begutachtung für die Feststellung der Pflegestufe. Hier ermittelt der Gutachter die Zeiten, die für die einzelnen Verrichtungen bei der Hilfe benötigt werden. Dabei arbeitet er vier Fragestellungen ab.

1. Bei welcher Verrichtung gibt es einen Hilfebedarf?
2. In welcher Form ist die Hilfe notwendig (Unterstützung, vollständige oder teilweise Übernahme, Beaufsichtigung, Anleitung)?
3. Wie häufig (täglich, wöchentlich etc.) ist die Hilfe notwendig?
4. Wie lange dauert die Hilfe?

Für die täglich wiederkehrenden Verrichtungen, bei denen eine Hilfe anerkannt wird, hat der Gesetzgeber eine abschließende Liste vorgegeben (siehe Kapitel 3 unter „Welche Faktoren werden bei der Einstufung berücksichtigt?"). Diese werden im Gutachtenformular teilweise noch weiter untergliedert, zum Beispiel wird das Waschen in die Teilschritte Ganzkörperwäsche, Teilwäsche Oberkörper, Teilwäsche Unterkörper, Teilwäsche Hände/Gesicht unterteilt.

Die Form der Hilfe ist ebenfalls im Gesetz festgelegt (Unterstützung, teilweise oder vollständige Übernahme, Anleitung, Beaufsichtigung). Das wurde bereits in Kapitel 3 unter „Welche Faktoren werden bei der Einstufung berücksichtigt?" erläutert.

Die Frage, wie häufig eine Hilfe notwendig ist, richtet sich in erster Linie nach den persönlichen Lebensgewohnheiten des Pflegebedürftigen. Der Gutachter muss jedoch prüfen, ob eine Über- oder Unterversorgung vorliegt.

Beispiele

Herr Grunder hat bisher zweimal pro Woche gebadet. Es gibt keinen Grund, das nicht anzuerkennen; Gleiches würde gelten, wenn er sagen würde, dass er jeden Tag duscht. Würde er jedoch angeben, jeden Tag dreimal zu baden, läge vermutlich eine Überversorgung vor, was so nicht anerkannt werden könnte.

Frau Stettner gibt an, ihre Zähne nie zu putzen. Hier handelt es sich mutmaßlich um eine Unterversorgung, den täglichen Zeitaufwand für das Zähneputzen hat der Gutachter zu berücksichtigen.

Die größte Herausforderung ist die Ermittlung des Zeitaufwands für die Hilfestellung bei einzelnen (Teil-)Verrichtungen. Das gilt vor allem, wenn der Pflegebedürftige oder seine Angehörigen nicht sagen (können), wie viel Zeit sie für etwas gebraucht haben. Wer sich einmal selbst die Frage stellt: „Wie lange hat denn bei mir heute der Toilettengang gedauert?", wird merken, wie schwierig es sein kann, dazu Angaben zu machen.

Die Zeitkorridore

Bei Einführung der Pflegeversicherung 1995 gab es für die Gutachter keine konkreten Orientierungswerte. So war es im Einzelfall nötig, dass sie selbst Zeiten ermittelten oder notfalls festlegten, wenn sie keine oder offensichtlich nicht nachvollziehbare Angaben bekamen. Seit 1997 gibt es für solche Fälle die sogenannten Zeitkorridore, die helfen sollen, die Begutachtung zu erleichtern und zu verbessern.

Die festgelegten Zeiten dienen dem Gutachter als „Orientierungsrahmen" oder „Anhaltsgröße", sind aber ausdrücklich „keine verbindlichen Vorgaben". Der Gutachter muss dennoch die jeweiligen individuellen Zeitangaben des Versicherten erfassen. Aus praktischen Gründen werden wir im Buch weiterhin die Bezeichnung „Zeitkorridore" verwenden.

Die Zeitkorridore gelten nur für die Hilfeart „vollständige Übernahme" der Verrichtung durch eine „Laienpflegekraft" (Pflegeperson). Der Pflegebedürftige ist dabei vollkommen passiv und unterstützt die Pflegeperson weder bei der Durchführung noch wehrt er sich dagegen oder behindert sie. Diese Hilfeart kommt in der Praxis nur selten vor, denn meist können die Pflegebedürftigen selbst noch etwas zu ihrer Versorgung beitragen. Die vorhandenen Fähigkeiten sollen bei der Pflege durch Unterstützung, teilweise Übernahme,

Anleitung oder Beaufsichtigung erhalten und vielleicht sogar gefördert werden (aktivierende Pflege). Bei den übrigen Hilfearten, zum Beispiel der „teilweisen Übernahme" oder der Beaufsichtigung, sind andere, in der Regel abweichende Zeiten zu erwarten. Dies gilt insbesondere, wenn es um Menschen mit psychischen Veränderungen, wozu auch die Demenzen gehören, geht. *„Abweichungen von den Zeitorientierungswerten, hin zu einem höheren Zeitaufwand für die Beaufsichtigung und Anleitung sind zu erwarten und müssen entsprechend begründet werden."* (Anlage F: Orientierungswerte).

Tipp

Achten Sie auf korrekte Zeitangaben für das Gutachten

Wie schon erklärt: Nachvollziehbare generelle Zeitwerte im Rahmen einer Richtlinie können eigentlich nur für die Hilfeart „vollständige Übernahme" festgelegt werden. Nur dabei gibt es einigermaßen standardisierte und vergleichbare Situationen und damit übertragbare Zeitwerte. Kann jedoch der Pflegebedürftige teilweise mithelfen, ist jede einzelne Pflegesituation so speziell, dass allgemeine Angaben nicht mehr passen können! Daraus ergeben sich einerseits zeitliche Abweichungen, andererseits der Begründungszwang für den Gutachter, wenn (wie es der Normalfall ist) andere Hilfearten vorliegen. Gutachter dürfen bei Hausbesuchen nicht einfach behaupten, sie müssten die vorgegebenen Zeiten, also die Zeitkorridore eintragen. Das widerspricht der Begutachtungsrichtlinie, die für sie bindend ist. Unabhängig davon können die Zeitkorridorzeiten in vielen Fällen aber durchaus sachgerecht sein.

Wird der Pflegebedürftige nur von Pflegefachkräften beziehungsweise Pflegekräften versorgt, beispielsweise im Pflegeheim, sind zunächst die Zeitkorridore zu verwenden. Ausnahme: Die aktivierende Pflege der Fachkräfte dauert länger, was beispielsweise durch die Pflegedokumentation nachvollziehbar wäre. In diesem Fall muss entsprechend mehr Zeit berücksichtigt werden. Sind die Pflegekräfte schneller, gelten dennoch die Vorgaben der Zeitkorridore! Wenn also Pflegekräfte den Pflegebedürftigen aktivierend pflegen, muss der Gutachter diese Zeiten akzeptieren.

Die Zeitkorridore sind in drei Gruppen – Körperpflege, Ernährung und Mobilität – eingeteilt, für die Hauswirtschaft gibt es keine Vorgaben. Zu allen Verrichtungen und Teilverrichtungen gehören jeweils auch die Vor- und die Nachbereitung. Wird der Pflegebedürftige zum Beispiel im Bett gewaschen, so gehört zu dieser Verrichtung das Holen und Wegbringen des Waschzeugs dazu. Dies wird beim Orientierungswert ebenfalls berücksichtigt. Die Zeit für Verrichtungen, die nur einmal in der Woche anfallen, beispielsweise das Baden, werden anteilig auf die einzelnen Tage der Woche umgerechnet.

Unabhängig von den Verrichtungen werden in jedem Teilbereich zusätzlich die verrichtungsbezogenen krankheitsspezifischen Pflegemaßnahmen dargestellt und zeitlich bewertet. Für diese Pflegemaßnahmen gibt es keine Orientierungswerte in der Richtlinie.

Gerade bei schweren Pflegen, zum Beispiel wenn Pflegebedürftige beatmet werden müssen, aber auch bei der Pflege und Versorgung von behinderten Kindern wurden früher die verrichtungsbezogenen krankenspezifischen Pflegemaßnahmen nicht berücksichtigt. Heute zählt auch diese Zeit für die Einstufung, was bei Kindern dazu führt, dass diese nun überhaupt Pflegestufen erreichen können. In der Richtlinie sind die einzelnen (Teil-)Verrichtungen genau erläutert und beschrieben, wir stellen sie nun einzeln dar.

Zeitkorridore Körperpflege

Die Hautpflege, zum Beispiel das Eincremen nach dem Duschen, gehört zur Körperpflege, nicht jedoch das Schminken. Das Haarewaschen (einschließlich Trocknen) fällt unter die Körperpflege, auch wenn es bei den Verrichtungen nicht gesondert aufgeführt ist. Es gilt als Bestandteil des Waschens oder wird – einzeln durchgeführt – als Teilwäsche Oberkörper angerechnet.

Gut zu wissen

Die angegebenen Zeiten beim Waschen gelten allein für diese Verrichtung, der Pflegebedürftige ist bereits waschfertig ausgezogen und befindet sich im Badezimmer, soweit er nicht (ausnahmsweise) im Bett gewaschen wird (siehe unten). An- und Auskleiden zählen extra.

1. Waschen

→ Ganzkörperwäsche (GK): 20 bis 25 Minuten
→ Teilwäsche Oberkörper (OK): 8 bis 10 Minuten
→ Teilwäsche Unterkörper (UK): 12 bis 15 Minuten
→ Teilwäsche Hände/Gesicht (H/G): 1 bis 2 Minuten

Während das (allgemeine) Waschen des Intimbereichs etwa am Morgen hier zu berücksichtigen ist, wird die Durchführung einer Intimhygiene nach einem Toilettengang der Verrichtung „Darm- und Blasenentleerung" zugeordnet.

2. Duschen: 15 bis 20 Minuten
Eine Hilfestellung beim Betreten der Dusche oder beim Umsetzen des Pflegebedürftigen, zum Beispiel auf einen Duschstuhl, ist im Bereich der Mobilität unter „Stehen" zu berücksichtigen. Wenn beim Duschen nur Teilhilfen (Abtrocknen/Teilwaschungen) anfallen, kann der Zeitorientierungswert lediglich anteilig berücksichtigt werden. Das heißt aber, dass der Pflegebedürftige die anderen Aufgaben selbständig und ohne Anleitung/Beaufsichtigung (also ohne die Gegenwart der Pflegeperson) ausführen kann.

3. Baden: 20 bis 25 Minuten
Eine Hilfestellung beim Einsteigen in die Badewanne wird im Bereich der Mobilität dem „Stehen" zugeordnet. Wenn bei dieser Verrichtung nur Teilhilfen (Abtrocknen/Teilwaschungen) anfallen, kann der Zeitorientierungswert lediglich anteilig berücksichtigt werden (siehe oben).

4. Zahnpflege: 5 Minuten

Soweit nur Mundpflege, zum Beispiel Spülen, erforderlich ist, kann der Zeitorientierungswert lediglich anteilig angerechnet werden.

5. Kämmen: 1 bis 3 Minuten

Kämmen bedeutet, dass hierdurch die Tagesfrisur entsteht. Haare nach dem Waschen auf Lockenwickler drehen oder Dauerwellen legen sind keine Bestandteile der Grundpflege, ebenso nicht das Haareschneiden. Dies sind in der Regel privat zu finanzierende Dienstleistungen.

6. Rasieren: 5 bis 10 Minuten

Auch das Rasieren eines Damenbarts fällt unter diese Kategorie.

7. Darm- und Blasenentleerung

→ Wasserlassen (einschließlich Intimhygiene, Toilettenspülung): 2 bis 3 Minuten
→ Stuhlgang (einschließlich Intimhygiene, Toilettenspülung): 3 bis 6 Minuten
→ Richten der Bekleidung: insgesamt 2 Minuten
→ Wechseln von Windeln (einschließlich Intimhygiene, Entsorgung)
  – nach Wasserlassen: 4 bis 6 Minuten
  – nach Stuhlgang: 7 bis 10 Minuten
→ Wechseln kleiner Vorlagen: 1 bis 2 Minuten

Kann der Antragsteller die Toilette wegen seiner eingeschränkten Gehfähigkeit nicht alleine aufsuchen, ist die Zeit für die Wege hin und zurück unter „12. Gehen" im Bereich Mobilität festzuhalten und zu bewerten. Die für Darm- und Blasenentleerung angegebenen Zeiten beginnen also erst auf der Toilette oder am Toilettenstuhl.

In der Richtlinie findet sich zu diesem Bereich der folgende Hinweis: *„Der im Rahmen eines „Toilettentrainings" (zeitlich festgelegte routinemäßige Toilettengänge) erforderliche Windelwechsel erfordert in der Regel sehr viel weniger Zeit als ein üblicher Windelwechsel, dem eine unkontrollierte und ungeregelte Harnblasen- und/oder Darmentleerung zugrunde liegt."*

→ Wechseln/Entleeren des Urinbeutels: 2 bis 3 Minuten
→ Wechseln/Entleeren des Stomabeutels: 3 bis 4 Minuten

Was kann noch berücksichtigt werden?
Die folgenden verrichtungsbezogenen krankheitsspezifischen Pflegemaßnahmen können im Bereich der Körperpflege mit berücksichtigt werden.

- Beim Waschen, Duschen und Baden
  - Orotracheale Sekretabsaugung (bei beatmeten Pflegebedürftigen)
  - Einreiben der Haut mit Dermatika (ärztlich verordnete Einreibung, nicht mit reinen Hautpflegeprodukten!)
- Bei Darm- und Blasenentleerung
  - Klistier/Einlauf
  - Einmalkatheterisieren

Zeitkorridore Ernährung

8. Mundgerechtes Zubereiten der Nahrung
Mundgerechte Zubereitung einer Hauptmahlzeit (einschließlich Bereitstellen eines Getränks): je 2 bis 3 Minuten

„Mundgerechtes Zubereiten" bedeutet, eine schon fertige Speise so weit mundgerecht zu zerkleinern, wie es für den Pflegebedürftigen notwendig ist. Hierunter fällt nicht das Kochen oder das Eindecken des Tisches. Die Zubereitung diätetischer Speisen ist nicht hier, sondern bei Hauswirtschaft unter dem Punkt Kochen zu berücksichtigen.

Soweit nur eine Zwischenmahlzeit mundgerecht zubereitet oder ein Getränk bereitgestellt wird, kann der Zeitorientierungswert lediglich anteilig berücksichtigt werden.

9. Aufnahme der Nahrung

Darunter ist das Anreichen der Nahrung zu verstehen. Die Hilfe kann bei Dementen auch allein in der (ständigen) Aufforderung zum Essen bestehen, wenn der Pflegebedürftige von sich aus nicht essen würde.

→ Essen von Hauptmahlzeiten einschließlich Trinken (maximal drei Hauptmahlzeiten pro Tag): je 15 bis 20 Minuten

→ Verabreichung von Sondenkost (über eine Sonde direkt in den Magen mittels Schwerkraft/Pumpe inklusive der Reinigung des verwendeten Mehrfachsystems bei Kompletternährung): 15 bis 20 Minuten pro Tag, da der Pflegebedürftige die Nahrung nicht im klassischen Sinne portionsweise bekommt.

Die Orientierungswerte beziehen sich nur auf die Hauptmahlzeiten. Eventuelle Zwischenmahlzeiten, zum Beispiel zweites Frühstück, Nachmittagskaffee, Trinken zur Nacht etc., sind hier nicht genannt, müssen aber trotzdem berücksichtigt werden. Das ist zum Beispiel bei Menschen mit Schluckbeschwerden von Bedeutung, die über den Tag verteilt viele kleine Mahlzeiten einnehmen.

Gut zu wissen

Was kann noch berücksichtigt werden?

Die folgenden verrichtungsbezogenen krankheitsspezifischen Pflegemaßnahmen können im Bereich der Ernährung mit berücksichtigt werden:

- Orotracheale Sekretabsaugung
- Wechseln einer Sprechkanüle gegen eine Dauerkanüle bei Tracheostoma

Zeitkorridore Mobilität

Als Hilfebedarf im Bereich Mobilität wird der Aufwand innerhalb der eigenen vier Wände, eventuell auch beim Verlassen der Wohnung (siehe Punkt 15.)

berücksichtigt. Die Zeiten dafür – vor allem beim Gehen und Treppensteigen – hängen immer von der baulichen Situation und Größe der Wohnung des Pflegebedürftigen ab. Für das Pflegeheim ist hier von der durchschnittlichen Wohnsituation (siehe Kapitel 3 unter „Wie läuft die Begutachtung des Pflegebedürftigen ab?") auszugehen.

10. Selbständiges Aufstehen und Zubettgehen

→ Einfache Hilfe beim Aufstehen/Zubettgehen: je 1 bis 2 Minuten
→ Umlagern: 2 bis 3 Minuten

Zwar ist das Umlagern bei vielen Grundpflegeverrichtungen notwendiger Bestandteil, zum Beispiel beim Waschen im Bett, und wird nicht als einzelne Verrichtung im Gesetzestext aufgeführt. Es wird aber hier getrennt dokumentiert. Unabhängig davon besteht Punkt 13 „Transfer".

11. An- und Auskleiden

Das komplette An- und Auskleiden betrifft sowohl den Ober- als auch den Unterkörper. Daneben gibt es das teilweise An- und Auskleiden sowohl des Ober- als auch des Unterkörpers. Bei der Verrichtung Ankleiden ist das Ausziehen von Nachtwäsche und das Anziehen von Tagesbekleidung als ein Vorgang zu betrachten. Den Zeitaufwand für das An- und Ablegen von Prothesen, Orthesen, Korsetts und Stützstrümpfen hat der Gutachter vor Ort individuell zu bemessen. Dazu führt der Pflegebedürftige dem Gutachter das An- und Ablegen (mit Hilfe der Pflegeperson) vor. Die Zeitkorridore können in diesen Fällen nicht angewandt werden.

→ Ankleiden gesamt (GK): 8 bis 10 Minuten
→ Ankleiden Oberkörper/Unterkörper (TK): 5 bis 6 Minuten
→ Entkleiden gesamt (GE): 4 bis 6 Minuten
→ Entkleiden Oberkörper/Unterkörper (TE): 2 bis 3 Minuten

12. Gehen

Die Vorgabe von Zeitwerten ist wegen der individuellen Wegstrecken in den Wohnungen der Pflegebedürftigen nicht möglich. Wichtig bei der Erfassung ist auf jeden Fall die Häufigkeit der Verrichtung „Gehen". Dabei zählt jeder

Weg einzeln, das heißt, dass ein Gang zur Toilette und zurück „2 x Gehen"
ergibt. Die jeweilige Dauer hängt zum einen von der Wohnsituation und den
tatsächlichen Wegen, zum anderen von der Geschwindigkeit des Pflegebedürftigen ab. Wenn der Pflegebedürftige in einem Pflegeheim lebt/leben wird, ist
die durchschnittliche Wohnsituation (siehe Kapitel 3 unter „Wie läuft die
Begutachtung des Pflegebedürftigen ab?") zugrunde zu legen.

13. Stehen (und Transfer)

Notwendige Hilfestellungen beim Stehen sind jeweils im Zusammenhang
mit den einzelnen Verrichtungen zu berücksichtigen, beachten Sie aber auch
15. Verlassen und Wiederaufsuchen der Wohnung. Ausschließlich der Transfer
muss als Hilfebedarf eigenständig dokumentiert werden. Hierzu zählt zum
Beispiel das Umsetzen des Pflegebedürftigen von einem Rollstuhl oder Sessel
auf einen Toilettenstuhl oder der Transfer in eine Badewanne oder Dusche.
Jeder Transfer ist einzeln zu berücksichtigen (Hin- und Rücktransfer = „2 x
Transfer").

→ Transfer aus dem Rollstuhl auf den Toilettenstuhl oder die Toilette und
zurück; Transfer aus dem Rollstuhl in die und aus der Badewanne/Dusch-
tasse: je 1 Minute.

14. Treppensteigen

Keine andere Verrichtung im Bereich der Grundpflege ist so abhängig von der
individuellen Wohnsituation des Pflegebedürftigen wie das Treppensteigen.
Daher kann kein Zeitorientierungswert vorgegeben werden.

15. Verlassen und Wiederaufsuchen der Wohnung

Das Verlassen der Wohnung wird nur dann berücksichtigt, wenn die damit
verbundene Tätigkeit der unmittelbaren Aufrechterhaltung der Lebensführung
zu Hause dient und das persönliche Erscheinen erforderlich ist. Das gilt zum
Beispiel für regelmäßige Arztbesuche und Therapien, aber auch für Behörden-
besuche. Voraussetzung für die Anerkennung ist allerdings das regelmäßige
(mindestens einmal pro Woche) und auf Dauer (voraussichtlich für mindestens
6 Monate) notwendige Verlassen der Wohnung. Andere regelmäßige Aktivi-

täten außerhalb der Wohnung wie gemeinsames Einkaufen oder Spazierengehen werden nicht berücksichtigt.

Ein notwendiges dauerhaftes Verlassen der Wohnung wären zum Beispiel regelmäßige Fahrten zum Dialysezentrum. Eine kurzfristige Krankengymnastik (zum Beispiel zwölf Termine jeweils einmal die Woche) würde nicht berücksichtigt, weil sie das Merkmal „Dauer" (mindestens 6 Monate) nicht erfüllt.

Die Zeiten für diese Verrichtungen sind individuell zu erheben. Bei Wartezeiten im Zusammenhang mit Arzt- und Therapeutenbesuchen können bis zu 45 Minuten angesetzt werden.

Was kann noch berücksichtigt werden?

Die folgenden verrichtungsbezogenen krankheitsspezifischen Pflegemaßnahmen können im Bereich der Mobilität mit berücksichtigt werden:

- Beim Aufstehen/Zubettgehen

Maßnahmen zur Sekretelimination (zum Beispiel Abklopfen) bei Mukoviszidose oder Erkrankungen mit vergleichbarem Hilfebedarf

- Beim An- und Auskleiden
    - Anziehen von Kompressionsstrümpfen ab Kompressionsklasse II
    - Ausziehen von Kompressionsstrümpfen ab Kompressionsklasse II

Psychisch Kranke und Kinder in der Begutachtung

Bei der Begutachtung von pflegebedürftigen psychisch Kranken und Kindern ist es deutlich schwerer, auf ein sachgerechtes und im Vergleich zu anderen Pflegebedürftigen faires Ergebnis zu kommen. Ohne die Mithilfe und Informationen der Pflegepersonen wird der Gutachter oft nicht den tatsächlichen individuellen Hilfebedarf ermitteln können. Beispielsweise können beide Gruppen meist keine Angaben zu den Versorgungszeiten machen.

Psychisch Kranke

Bei Pflegebedürftigen aus dieser Personengruppe gibt es oftmals starke Schwankungen, wenn es um die noch vorhandenen Fähigkeiten geht. Beim Begutachtungsbesuch wirken sie vielleicht recht klar und aufgeweckt, auch weil es sich um eine besondere Situation handelt, was ihnen meist auch bewusst ist. Sie können noch vieles und geben sich selbständig, vergessen/verlieren diese Selbständigkeit aber, sobald der Gutachter wieder gegangen ist.

Tipp

Ein Pflegetagebuch hilft bei der richtigen Einschätzung

Besonders wenn die Fähigkeiten eines pflegebedürftigen psychisch Kranken von Tag zu Tag sehr schwanken, ist es sinnvoll, ein Pflegetagebuch (siehe Kapitel 3 unter „So können Sie sich auf die Begutachtung vorbereiten") anzulegen. In solchen Fällen sollte es über einen Zeitraum von 2 bis 4 Wochen geführt werden, je nachdem, wie sehr die Verfassung des Betroffenen variiert. Dem Gutachter steht damit neben seinem Fachwissen über die Begutachtung psychisch Kranker eine gute Grundlage zur Verfügung, um die Pflegestufe für die Person angemessen einzuschätzen.

Bei psychisch Kranken (dazu gehören auch die Demenzkranken) sind im Rahmen der Einstufung ebenfalls nur solche Hilfeleistungen zu berücksichtigen, die im Zusammenhang mit täglich wiederkehrenden Verrichtungen stehen. Eine allgemeine Beaufsichtigung, damit beispielsweise der Pflegebedürftige nicht die Wohnung verlässt, kann in der Regel bei der Einstufung in eine Pflegestufe nicht berücksichtigt werden; das ist lediglich bei der Feststellung der erheblich eingeschränkten Alltagskompetenz möglich (siehe Kapitel 3 unter „Wie läuft die Begutachtung des Pflegebedürftigen ab?").

Das Besondere bei dieser Personengruppe ist, dass sich sehr viele Tätigkeiten/Aktivitäten im Tagesablauf der Pflegebedürftigen um die täglich wiederkehrenden Verrichtungen konzentrieren. Das gemeinsame Essen dauert bei psychisch Kranken meist einfach erheblich länger, genauso fällt das ständige Auffordern, doch etwas zu trinken (Hilfe bei der Nahrungsaufnahme im Sinne von Anleitung und Beaufsichtigung) oder die Toilette aufzusuchen, ins Gewicht. Dadurch wird immerhin ein Teil der täglichen Beaufsichtigungszeit abgedeckt.

Tipp

Tragen Sie auch „Eh-da"-Leistungen ins Tagebuch ein

In Hinblick auf das Pflegetagebuch sei hier auf die „Eh-da"-Leistungen hingewiesen: Weil Sie selbst „eh da" sind, erledigen Sie als Pflegeperson das eine oder andere eben mit, ohne das als (zusätzliche) Arbeit zu empfinden. Sie schenken beispielsweise nicht nur sich, sondern auch dem Pflegebedürftigen etwas ins Glas ein und animieren ihn damit zum Trinken. Für die Dokumentation im Pflegetagebuch stellen Sie sich aber bitte die Fragen: „Was wäre, wenn ich nicht da wäre? – Wäre mein Mann in die Küche gegangen? Hätte er sich an den Tisch gesetzt und wäre sitzen geblieben? Hätte er gegessen und wenn ja, was? Hätte er daran gedacht, etwas zu trinken? Hätte er die Flasche im Kühlschrank und das Glas in der Vitrine gefunden?"

Kinder

Neugeborene sind von Natur aus pflegebedürftig und entwickeln erst im Lauf ihrer ersten Lebensjahre nach und nach ihre Selbständigkeit. Daher ist es schwierig, die durch eine Krankheit oder Behinderung bedingte zusätzliche Pflegebedürftigkeit von der alterstypischen Pflegebedürftigkeit abzugrenzen. In der Begutachtungsrichtlinie findet sich dazu eine sehr ausführliche Datentabelle, in der der altersgemäße Aufwand für einzelne Verrichtungen dargestellt ist. Damit hat der Gutachter eine Grundlage, um den darüber hinausgehenden Pflegeaufwand zu ermitteln, der allein für eine Einstufung entscheidend ist. Im ersten Lebensjahr wird in der Regel keine Pflegebedürftigkeit im Sinne der Pflegeversicherung feststellbar sein, da der alterstypische Pflegeaufwand an sich sehr hoch ist.

Alterstypischer Pflegeaufwand für ein gesundes Kind in Minuten pro Tag (Auszug)				
	Säugling	Kleinkind	Kindergarten	Grundschule
	1 Jahr	3 Jahre	6 Jahre	10 Jahre
Körperpflege	62	81	32	2
Ernährung	125	48	10	0
Mobilität	38	40	10	4
Summe	*222-229*	*142-175*	*52*	*6*
Quelle: D 4.0/III./9 der Begutachtungsrichtlinie				

Weitere Besonderheiten bei der Ermittlung der Zeiten

Einige Besonderheiten sind unabhängig von den einzelnen Zeitkorridoren bei der Begutachtung zu berücksichtigen, seien es die individuelle Wohnsituation, die Fähigkeiten der Pflegepersonen oder die Frage der nächtlichen Versorgung.

Die individuelle Wohnsituation

Wie schon erwähnt: Ausschlaggebend bei der Begutachtung ist immer die Wohnsituation im Einzelfall. Wenn Sie sich unterschiedlich große Wohnungen vorstellen, wird deutlich, warum bei manchen Zeitkorridoren (zum Beispiel „Gehen") keine pauschalen Angaben möglich sind. Rufen Sie sich dazu noch einmal das Beispiel mit der Entfernung zwischen Schlafzimmer und Bad oder das Beispiel mit Badewanne und Dusche in Erinnerung.

Allerdings hat der Gutachter darauf zu achten, ob sich durch den Einsatz von Hilfsmitteln die Pflegesituation verbessern und damit auch der Zeitaufwand verringern ließe. So könnte er beispielsweise ein Pflegebett (statt des bisherigen niedrigen Ehebetts) empfehlen, aus dem heraus der Pflegebedürftige leichter oder sogar ohne fremde Hilfe aufstehen kann. Damit könnte dieser unter Umständen sogar wieder etwas selbständiger als vorher leben. Das wirkt sich allerdings eventuell auf die Pflegestufe aus. Der Gutachter wird die aus seiner Sicht notwendigen Hilfsmittel in Teil 6 seines Gutachtens erwähnen und muss die Veränderung unter Umständen auch bei der Zeitermittlung berücksichtigt. Der Pflegebedürftige kann den Einsatz der Pflegehilfsmittel nicht ohne besonderen Grund ablehnen, zum Beispiel weil ihm ein Pflegebett nicht gefällt. Notwendige Pflegehilfsmittel werden durch die Pflegeversicherung zur Verfügung gestellt (siehe Kapitel 5 unter „Was sind Zusätzliche Betreuungsleistungen?").

Das Tempo der Pflegeperson

Sicher kennen Sie das, vielleicht sind Sie sogar selbst in der Situation: Oftmals werden Pflegebedürftige von ihren Lebenspartnern gepflegt, die auch schon älter sind. Das führt dazu, dass diese die Versorgung zwar durchführen können, aber vielleicht nicht so schnell wie ein deutlich jüngerer Mensch vorgehen. Die Schnelligkeit der Pflegeperson ist jedoch nicht ausschlaggebend bei der Ermittlung der Zeiten. Deshalb wird der Gutachter in einem solchen Fall nicht die Zeit berücksichtigen, die tatsächlich benötigt wird, sondern auf die Zeitkorridore zurückgreifen. Das gilt vor allem, wenn die Pflegeperson selbst schon relativ alt oder aus anderen Gründen körperlich nicht mehr so fit ist. Nur so können alle Pflegesituationen gleich gerecht eingestuft werden.

Nächtlicher Grundpflegebedarf

Voraussetzung für die Einstufung in die Pflegestufe 3 ist wie beschrieben die regelmäßige nächtliche Grundpflege in der Zeit von 22:00 Uhr bis 6:00 Uhr. Der Gutachter prüft bei seinem Besuch, ob und warum dies der Fall ist oder nicht. Er muss dabei auch klären, ob beispielsweise nur deshalb nachts kein Hilfebedarf anfällt, weil der Pflegebedürftige mithilfe von Medikamenten durchschläft (Sedierung). In manchen Fällen erfolgt die Sedierung nämlich, damit nachts erst gar keine Hilfeleistung erfolgen muss, zum Beispiel die Windeln nicht gewechselt werden müssen. Dies wäre eine ungenügende Pflege und gesondert zu dokumentieren. Kommt ein solcher Vorfall bei einer Pflege im

Heim vor, müsste dies dazu führen, dass die Landesverbände der Pflegekassen Maßnahmen zur Qualitätsprüfung durchführen.

Beispiel

Herr Schmidt liegt trotz Windel jeden Morgen im eigenen Kot, die morgendliche Grundpflege dauert entsprechend länger. Sicher wäre es sinnvoll, die Windel auch in der Nacht noch einmal zu wechseln. Doch Herr Schmidt lebt alleine und seine Tochter, die ihn versorgt, kann nicht jede Nacht zusätzlich kommen. Unter diesen Umständen ist eine nächtliche Versorgung notwendig (und für die Einstufung anzuerkennen), auch wenn sie aktuell nicht durchgeführt wird.

In diesem Fall könnte der Gutachter der Pflegekasse empfehlen, nur Kombinationsleistungen oder Sachleistungen zu gewähren, mit deren Hilfe nachts eine Versorgung durch einen Pflegedienst stattfinden kann. So könnte Herr Schmidt aus dem obigen Beispiel nachts um 1:00 Uhr vom Pflegedienst versorgt werden.

Ein Hinweis des Gutachters bei der Begutachtung wie: „Weil nachts keiner da ist, ist eben keine Versorgung notwendig" entspricht nicht den Richtlinien. Ist jedoch kein Mangel in der Grundpflege erkennbar, weil der Pflegebedürftige das Schlafmittel aus eigenem Antrieb nimmt und die Schlaftablette dafür sorgt, dass er durchschlafen kann, ist eine Einstufung in Pflegestufe 3 nicht möglich.

Bei den tatsächlichen Versorgungszeiten sollte man immer vom bisherigen Leben des Pflegebedürftigen ausgehen. Wenn er immer nach den Tagesthemen um 22:45 Uhr ins Bett gegangen ist, sollte dies auch beibehalten werden. Man muss ihn auch nicht früher versorgen, nur weil es dann für die Pflegekasse günstiger wird.

Hauswirtschaftliche Versorgung

Anders als die Grundpflege wird der hauswirtschaftliche Hilfebedarf im Gutachten standardmäßig nur stichpunktartig erfasst. Es werden lediglich die Tätigkeiten mit der wöchentlichen Häufigkeit angegeben (zum Beispiel „Einkaufen 2 x"), die Zeit wird dann pauschal pro Woche festgehalten. Grund dafür ist, dass für die Pflegestufenabgrenzung die Zeit der Hauswirtschaft keine wichtige Rolle spielt. Anders sieht es aus, wenn weitergehende Leistungen über die Sozialhilfe finanziert werden müssen. In diesem Fall ist das Gutachten auch für die Sozialhilfe bindend (§ 62 SGB XII). Wenn dann tatsächlich ein höherer Bedarf in der Hauswirtschaft vorliegt, als im Gutachten festgehalten, kommt es manchmal zu Problemen mit der Sozialhilfe. Deshalb sollten auch immer die Zeitaufwände für die Hauswirtschaft ausführlich im Pflegetagebuch dargestellt werden.

Beispiel

Frau Kramer sammelt alles Mögliche und hebt ihre vielen Errungenschaften in ihrer Wohnung auf. Bei der Einstufung in Pflegestufe 1 bewertet der Gutachter die Hauswirtschaft standardmäßig mit einer dreiviertel Stunde am Tag, ohne dies zu berücksichtigen. Die Träger der Sozialhilfe bewilligen auf dieser Basis Leistungen zur Hauswirtschaft, obwohl für Frau Kramers Haushalt doppelt so viel Zeit notwendig wäre. Erst mit viel Überzeugungskraft und einem Ortstermin beim Sozialamt gelingt es dem Pflegedienst, eine angemessene hauswirtschaftliche Versorgung genehmigt zu bekommen.

Ergebnisse und Empfehlungen des Gutachters

Nachdem der Gutachter nun in vielen Einzelschritten die verschiedenen Aspekte der Pflege und Versorgung gesammelt hat, muss er diese in Teil 5 des Gutachtens zusammenfassend bewerten und daraus eine Pflegestufe ermitteln.

Das Bild, das er sich selbst gemacht hat, muss auch mit den Aussagen der Pflegepersonen übereinstimmen. Ansonsten wäre zu begründen, warum es hier Abweichungen gibt. Aus praktischen Gründen, zum Beispiel weil der Gutachter die Zeiten erst einmal zusammenrechnen muss, wird er diesen Teil des Gutachtens nicht mehr direkt bei der Begutachtung ausfüllen, sondern später im Büro. Ein detailliertes Gespräch über das Gutachten ist also erst möglich, wenn es tatsächlich fertig erstellt ist.

Dabei prüft er, ob die in Teil 1 angegebenen Versorgungszeiten durch die verschiedenen Pflegepersonen und, falls tätig, des Pflegedienstes mit seinen eigenen Feststellungen übereinstimmen. Wenn das nicht der Fall ist, muss er dies schriftlich begründen. Eine differenzierte Begründung soll der Gutachter erstellen, wenn

→ neben den Pflegediensten noch Pflegepersonen tätig werden oder
→ die Pflege durch mehrere Pflegepersonen geleistet wird oder
→ Abweichungen zu den Angaben hinsichtlich der Pflegeleistungen der Pflegeperson(en) unter Punkt 1.4 „Umfang der pflegerischen Versorgung und Betreuung" des Formulargutachtens bestehen.

Abweichungen können beispielsweise entstehen, wenn Sie als Pflegebedürftiger oder als Pflegeperson in Ihrer Zeitangabe auch Zeiten für allgemeine Beaufsichtigung und Betreuung berücksichtigt haben. Diese spielen bei der Pflegeeinstufung jedoch keine Rolle. Manchmal hören Pflegebedürftige von Gutachtern die Aussage, dass sie nicht von ihren Zeitvorgaben abweichen dürfen. Damit folgen sie wie schon geschrieben nicht den Begutachtungsrichtlinien. Das hat vielleicht auch damit zu tun, dass die Gutachter Abweichungen extra begründen müssen. Zwar gibt es generelle Erschwernis- oder Erleichterungsfaktoren, zum Beispiel ein hohes oder niedriges Körpergewicht des Pflegebedürftigen. Doch wenn solche Faktoren nicht erkennbar sind, muss der Gutachter die Abweichungen einzeln erläutern.

Sicher können Sie Verständnis dafür aufbringen. Was soll ein Gutachter auch tun, wenn er in meist knapp einer Stunde eine sehr komplexe Pflegesituation aufnehmen und bewerten soll und dabei von den Angehörigen keine geeigneten Angaben gemacht werden (können)? Doch sicher wissen Sie auch, wie belastend die Pflege eines Pflegebedürftigen ist. Die Pflegeperson(en) erwarten sich dann konkrete Hilfe vom Gutachter und wollen Anerkennung für ihre Arbeit. Die meisten Gutachter versuchen, objektiv und gerecht jede individuelle Situation zu beurteilen, was im Einzelfall nicht immer leicht ist.

Beispiel

Herr Zielke ist pflegebedürftig und bisher der Pflegestufe 1 zugeordnet. Er wird unter anderem von seinem Sohn versorgt. Dieser stellt nach einem halben Jahr einen Höherstufungsantrag, weil die Pflege aufwendiger geworden ist. Es dauert morgens mehr als eine Stunde, bis der Vater gewaschen und angezogen ist. Allerdings ist auch der Sohn gesundheitlich nicht mehr so fit und hat etwas Übergewicht. Die von ihm aufgeschriebenen Zeiten erkennt der Gutachter nicht an und verwendet stattdessen die Zeitkorridore. Weil der Sohn das nicht akzeptieren will, sagt der Gutachter schließlich, er könne von seinen Zeitvorgaben nicht abweichen.

Die Zeiteinschätzung des Gutachters kann in diesem Einzelfall sogar sachgerecht sein, weil dabei ja nicht die Individualität der Pflegeperson ausschlaggebend ist. Dennoch dürfen dokumentierte Zeiten der Pflegepersonen nicht ohne weitere Begründung abgelehnt werden. Der Gutachter muss im Beispielfall darlegen, warum er nicht die Pflegezeiten des Sohnes, sondern die Zeitkorridore ansetzt. Sagt der Gutachter bei der Begutachtung oder sehen Sie später im Gutachten, dass er von den Zeitkorridoren nicht abgewichen ist, fragen Sie unbedingt nach den Gründen.

Außerdem gibt der Gutachter hier im Gutachten an, wie lange jede einzelne Pflegeperson pflegt. Dafür gibt es die Staffelung unter 14 Stunden, über 14 Stunden, über 21 Stunden oder über 28 Stunden pro Woche (siehe auch Kapitel 4 unter „Wie sind Pflegepersonen sozial abgesichert?"). Diese Angabe ist nötig, da die Rentenversicherungsbeiträge zur sozialen Absicherung der Pflegepersonen vom zeitlichen Aufwand ihrer Pflegetätigkeit abhängen.

Zwei wesentliche Fragen stehen am Ende von Teil 5 des Gutachtens zur Pflegestufe. Der Gutachter muss sie auf Grundlage seiner Erkenntnisse nach dem Besuch beantworten.

1. Ist die häusliche Pflege in geeigneter Weise sichergestellt?

Das ist vor allem wichtig, wenn Pflegegeld beantragt wurde. Der Gutachter beurteilt, ob die Versorgung unter den vorgefundenen Umständen zu Hause möglich und sichergestellt ist. Dazu hat er mehrere Anhaltspunkte:

→ Ist der Versorgungszustand des Pflegebedürftigen gut und angemessen oder hat der Gutachter Mängel und mangelhafte Pflege feststellen müssen?

→ Passen die Versorgungszeiten, die von den Pflegepersonen und eventuell von einem Pflegedienst angegeben wurden, mit dem überein, was er ermittelt hat?

Beispiel

Gutachter Gernhardt hat bei der Pflege von Herrn Ottrich einen Zeitbedarf von 150 Minuten pro Tag ermittelt. Die Pflegeperson gibt an, pro Tag nur 60 Minuten da zu sein. In diesem Fall besteht ein Versorgungsproblem, die häusliche Pflege kann so eigentlich nicht sichergestellt sein.

Selbst bei Ausschöpfung der insgesamt möglichen Pflegesachleistung, die in Form von Pflegeleistungen durch Pflegedienste erbracht werden, sind Pflegeperson(en) für die Sicherstellung der häuslichen Pflege erforderlich. Ein Beispiel für die Pflegestufe 1 soll das verdeutlichen. Der Pflegedienst kann Sachleistungen für 450 € abrechnen, beispielhaft wird ein Stundensatz von 30 € angenommen.

Beispiel für Pflegestufe 1				
	Pro Tag		Pro Woche	
Grundpflege und Hauswirtschaft	Mindestens 91 Minuten	Maximal 179 Minuten	Mindestens 10,5 Stunden	Maximal 20,9 Stunden
Versorgung durch Pflegedienst	30 Minuten	30 Minuten	3,5 Stunden	3,5 Stunden
Differenz zum Mindestbedarf	61 Minuten	149 Minuten	7 Stunden	17,4 Stunden

Gemäß der Pflegestufendefinition ist ein Zeitaufwand von mindestens 91 Minuten für die Pflegestufe 1 notwendig, maximal dürfen es 179 Minuten sein. Ist mehr Zeit für die Pflege erforderlich, beginnt Pflegestufe 2. Errechnet man einmal fiktiv, wie weit die durch die Pflegekasse finanzierten Pflegesachleistungen der Pflegestufe 1 reichen könnten, ergeben sich ungefähr 30 Minuten pro Tag. Allerdings ist der reale Stundensatz eines Pflegedienstes in der Regel deutlich höher anzusetzen als im Beispiel, vor allem für Grundpflegeleistungen. Damit wären mindestens 60 Minuten und bis zu 150 Minuten nicht durch die Sachleistungen der Pflegeversicherung gedeckt und müssten anderweitig erbracht werden, sei es durch Pflegepersonen oder einen Pflegedienst, der diese Leistungen dann privat in Rechnung stellen muss. Die Tabelle zeigt zudem hochgerechnet auf eine Woche, wie viel Zeit die Pflegeperson(en) für die Pflege aufwenden können, nachdem die Pflegesachleistungen komplett ausgeschöpft wurden. Dieser Zeitanteil spielt – wie schon geschrieben – bei der sozialen Sicherung der Pflegeperson(en) eine wichtige Rolle.

In den allermeisten Fällen wird eine häusliche Versorgung ohne Pflegepersonen nicht oder nur mit einem verhältnismäßig großen zusätzlichen finanziellen Aufwand möglich sein. Ist die häusliche Pflege nach Meinung des Gutachters nicht sichergestellt, wird die Pflegekasse nur die stationäre Pflege finanzieren können, eine Heimeinweisung kann sie aber nicht veranlassen.

2. Ist stationäre Pflege erforderlich?

Hat ein Pflegebedürftiger Antrag auf stationäre Versorgung gestellt, beurteilt der Prüfer, ob dies notwendig ist. Entscheidet er dagegen, hätte das finanzielle Konsequenzen, denn dann würden nur Sachleistungen/Pflegesätze in Höhe der ambulanten Sachleistungen übernommen (siehe Kapitel 6 unter „Versorgung im Pflegeheim: die vollstationäre Pflege").

Stationäre Pflege ist dann erforderlich, wenn die häusliche Pflege nicht sichergestellt ist. Das ist zum Beispiel der Fall, wenn dem Pflegebedürftigen keine Pflegeperson zur Verfügung steht und der Pflegedienst nur die von der Pflegekasse finanzierten Pflegesachleistungen erbringt. Auch wenn sich der Pflegebedürftige in seiner Wohnung nicht mehr zurechtfindet und zum Beispiel zunehmend verwahrlost, kann stationäre Pflege notwendig werden.

Gut zu wissen

Pflichten der Angehörigen

Es gibt keine konkrete Verpflichtung, dass Angehörige einen Pflegebedürftigen pflegen müssen. Umgekehrt muss sich beispielsweise der Vater auch nicht gegen seinen Willen von seiner Tochter pflegen lassen. Unabhängig davon gibt es jedoch gegebenenfalls eine finanzielle Verpflichtung der direkten Angehörigen (ersten Grades) zum Unterhalt nach dem Bürgerlichen Gesetzbuch.

Wenn sowohl die Pflegeperson als auch der Pflegebedürftige angeben, dass das Leben zu Hause gut funktioniert, sich alle wohlfühlen, der Pflegebedürftige aber trotzdem in ein Pflegeheim ziehen will, wäre keine stationäre Versorgung notwendig. Die Finanzierung würde dann entsprechend gekürzt werden. Nur bei Pflegestufe 3 erfolgt keine Prüfung, ob stationäre Pflege notwendig ist: Hier sind allerdings auch die finanzierten Leistungen der Pflegekasse gleich hoch.

Weitere Empfehlungen an die Pflegekasse

In den weiteren Teilen des Gutachtens folgen Empfehlungen zur Hilfsmittelversorgung, zu technischen Hilfen und baulichen Maßnahmen sowie zur Verbesserung der Pflegesituation. Ab 2013 sind die Empfehlungen zur medizinischen Rehabilitation in einer gesonderten Rehabilitationsempfehlung zu dokumentieren. Der Gutachter soll hier die aus seiner Sicht sinnvollen und notwendigen ergänzenden Therapien benennen, beispielsweise physikalische Therapien, Ergotherapie, Stimm-, Sprech- und Sprachtherapie.

Die Empfehlungen in dieser gesonderten Rehabilitationsempfehlung entfalten rechtlich gesehen eine sehr starke Wirkung: Sie führen dazu, dass der Pflegebedürftige gegenüber seiner Krankenkasse einen Rechtsanspruch auf diese Leistungen (§ 18 Absatz 1 SGB XI) hat. Die Aufgabe der Pflegekasse besteht darin, dafür zu sorgen, dass diese Rehabilitationsleistungen zügig durchgeführt werden, sie kann sie sogar selbst vorläufig veranlassen (§ 31 SGB XI). Wenn die Krankenkasse die im Gutachten aufgeführten Maßnahmen nicht innerhalb von 6 Monaten durchführt, muss sie ein „Strafgeld" in Höhe von 3.072 Euro an die Pflegekasse zahlen (§ 40 Absatz 3 SGB V).

Hintergrund dieser Regelung ist die Hoffnung, durch gezielte und vor allem schnelle Therapie- und Rehabilitationsmaßnahmen die Pflegebedürftigkeit der Versicherten zu verringern oder eine Verschlimmerung (höhere Pflegestufe) zumindest hinauszuzögern. Zwar gab es von Beginn der Pflegeversicherung an schon immer den Ansatz „Rehabilitation vor Pflege" (§ 5 SGB XI), doch wird er in der Praxis nach Ansicht des Gesetzgebers nur unzureichend umgesetzt. Der Versicherte hat eine Mitwirkungspflicht. Er kann sich nicht einfach weigern, an einer Rehabilitationsmaßnahme teilzunehmen, selbst wenn sich danach sein Pflegebedarf verringert und er in eine andere (niedrigere) Pflegestufe kommt.

Auch über den Einsatz anderer oder weiterer Pflegehilfsmittel, zum Beispiel eines Gehwagens (Rollator) statt eines Gehstocks, damit der Pflegebedürftige wieder selbständig gehen kann, oder über bauliche Maßnahmen, zum Beispiel der Einbau einer Dusche anstelle der bisherigen Badewanne, hat der Gutachter Empfehlungen abzugeben. Deren Einsatz kann eventuell eine Rückstufung bewirken. Zwar ist es im Hinblick auf die doch relativ niedrigen Sachleistungen manchmal schwierig, dies zu akzeptieren. Andererseits gewinnt der Pflegebedürftige zumindest zeitweise wieder etwas mehr Selbständigkeit.

Am Schluss des Gutachtens stellt der Gutachter noch eine Prognose, wann eine erneute Begutachtung stattfinden sollte. Dazu schlägt er einen Termin oder einen bestimmten Zeitraum vor. Diese Angaben sind wichtig, da die

Pflegekasse einen Bescheid über eine Pflegestufe auch zeitlich befristen kann (§ 33 SGB XI). Das ist zum Beispiel sinnvoll, wenn gleichzeitig Therapie- oder Rehabilitationsmaßnahmen empfohlen werden. Danach wäre dann nämlich erneut zu prüfen, ob die aktuelle Einstufung noch sachgerecht ist.

Die Praxis: von Anträgen und Ablehnungen

Viele Menschen glauben oder hören aus der Beratung heraus, dass sie ein Recht auf Leistungen der Pflegeversicherung hätten, weil sie einen so hohen persönlichen Hilfe-, Pflege- und Betreuungsbedarf haben. Tatsache ist aber, dass die Anträge auf ambulante Leistungen immerhin zu einem Drittel (34 Prozent) abgelehnt werden. Die Widerspruchsquote hierzu liegt bei 6,6 Prozent und ist damit relativ niedrig, davon wird wiederum nur einem Drittel stattgegeben (Daten 2010 des Medizinischen Dienstes des Spitzenverbandes Bund der Krankenkassen e.V. [MDS]).

Wie kommt es zu einer derart hohen Ablehnungsquote? Ein Grund ist sicher, dass sich viele Menschen nicht mit den Regelungen der Pflegeversicherung auseinandersetzen und sie daher nicht verstehen. Hinzu kommt oftmals die Erwartung, dass die Pflegeversicherung den Pflegebedürftigen eben helfen muss. Leider hören wir in der Praxis immer wieder auch von Fällen, in denen voreilig Einstufungsanträge eingereicht wurden, obwohl diejenigen, die dazu geraten hatten, es eigentlich besser wissen sollten. Nicht immer kennen sich beispielsweise Ärzte mit den Einstufungsregelungen der Pflegeversicherung aus.

Beispiel

Herr Peters ist über 80 Jahre alt, übergewichtig, hat einen zu hohen Blutdruck und Diabetes. Zwar geht er eigenständig, allerdings inzwischen mit einem Gehwagen (Rollator). Er wohnt allein in einer barrierefreien Wohnung und versorgt sich grundpflegerisch (Waschen, Duschen etc.) selbständig. Da er nicht mehr kochen will, nimmt er an einem Mittagstisch in seinem Wohnblock teil. Beim Sauberhalten der Wohnung hilft seine Familie. Das Stellen der verschiedenen Medikamente (Vorsortieren in eine Dosierhilfe) hat inzwischen seine Tochter übernommen, die deswegen einmal pro Woche vorbeikommt. Die Hausärztin von Herrn Peters hat der Tochter empfohlen, einen Antrag auf Pflegegeld zu stellen. Der wurde abgelehnt, da Herr Peters zwar einen höheren Bedarf bei seiner Hauswirtschaft, aber kaum Hilfebedarf bei der Grundpflege hat.

Grundsätzlich können Sie als Pflegebedürftiger auch dann einen Antrag auf Einstufung stellen, wenn Sie möchten, dass Ihre Situation daraufhin überprüft wird. In den meisten Fällen ist es jedoch hilfreich, wenn Sie zuerst mithilfe eines Pflegetagebuchs feststellen, wie viel Hilfe Sie tatsächlich benötigen. Erst dann sollten Sie entscheiden, ob ein Pflegeantrag sinnvoll ist. Die Pflegeberater der Pflegekassen, die Pflegedienste oder andere Beratungsstellen helfen Ihnen bei der Beurteilung Ihrer Situation und der Daten in Ihrem Pflegetagebuch.

Der Antrag

Leistungen der Pflegeversicherung gibt es nur auf Antrag. Der Antrag wird bei der eigenen Pflegekasse gestellt und kann auch formlos, das heißt mit einem einfachen Anschreiben, erfolgen. Die Pflegekasse ist in der Regel identisch mit der Krankenkasse. Da mögliche Leistungen immer ab Antragstellung (auch im Nachhinein) bewilligt werden, ist es sinnvoll, frühzeitig aktiv zu werden. Oftmals schickt die Pflegekasse nach einem formlosen Antrag ein Antragsformular, dass Sie als Pflegebedürftiger oder bevollmächtigter Angehöriger ausfüllen müssen. Der Leistungsanspruch besteht aber ab Eingang des ersten formlosen Antrags.

Tipp

Sie können den Antrag immer abändern

Mit den Standardformularen der Pflegekassen zur Beantragung von Leistungen werden vom Antragsteller viele Entscheidungen verlangt, die er eigentlich erst treffen kann, wenn er sich über die möglichen Leistungen informiert hat. Da Sie die Anträge jederzeit inhaltlich ändern können, sollten Sie umgehend den Antrag stellen und eventuell später Änderungen vornehmen, zum Beispiel wenn Sie statt Geld- doch Sachleistungen bekommen wollen. Jedoch sollte die grundsätzliche Entscheidung, ob häusliche (ambulante) oder stationäre Pflege (im Pflegeheim) gewählt wird, bereits feststehen.

Meist müssen in die Formulare der Pflegekassen, die auch teilweise direkt über die jeweilige Internetseite ausgefüllt und versendet werden können, die folgenden Angaben eingetragen werden:

→ Name, Versichertennummer, Geburtsdatum, Anschrift
→ Erstantrag oder Höherstufungsantrag

Sie können die folgenden Leistungsarten beantragen. Diese werden in Kapitel 4 „Die Pflegepersonen im Mittelpunkt – Absicherung und Pflegegeld" detailliert erläutert.

Ambulante Leistungen

→ Sachleistungen (durch Pflegedienste) als alleinige Leistung

Viele Pflegekassen zahlen auch dann ein anteiliges Pflegegeld aus, wenn die Sachleistungen einmal nicht ausgeschöpft werden. Bei anderen ist das nur möglich, wenn von Beginn an Kombinationsleistungen beantragt wurde. Hierzu fragen Sie am besten bei der Pflegekasse nach.

→ Pflegegeld (für die Pflegepersonen) als alleinige Leistung
→ Kombinationsleistung (von Sach- und Geldleistung)

Es kann sein, dass hier die Anteile in Prozent angegeben werden sollen. Im Zweifelsfall lassen Sie diese Angabe lieber weg.

→ Zusätzliche Betreuungsleistungen – sie müssen nicht extra beantragt werden, weil die Voraussetzung hier immer überprüft wird.

Stationäre Leistungen

→ Tages- und/oder Nachtpflege (teilstationär)
→ Vollstationäre Leistung

Außerdem werden in der Regel weitere Informationen abgefragt:

→ Angaben zur Beihilfe (falls der Pflegebedürftige beihilfeberechtigt ist)
→ Angabe von anderen Leistungsträgern, zum Beispiel Unfallversicherung

Wenn die Pflegebedürftigkeit die Folge eines Unfalls ist, wäre die jeweilige Unfallversicherung oder Berufsgenossenschaft zuständig

→ Angabe, wer (bisher) die Pflege durchführt

Hier sind vorhandene Pflegepersonen zu nennen, aber auch der Pflegedienst.

→ Angabe einer Bankverbindung (notwendig für die Überweisung der genehmigten finanziellen Leistungen, in der Regel das Pflegegeld, aber auch die erstatteten Kosten der Betreuungsleistungen)
→ Angabe des Hausarztes und Einverständniserklärung, dass der beauftragte Gutachter medizinische Daten abfragen darf
→ Einverständniserklärung zum Hausbesuch durch einen beauftragten Gutachter
→ Seit Juli 2008 ist noch anzugeben, ob die Pflegeperson(en) Pflegezeit beim Arbeitgeber beantragt haben.

Einstufung im Sinne einer erheblich eingeschränkten Alltagskompetenz

Liegt neben der vielleicht schon länger bestehenden Einstufung in eine Pflegestufe noch keine Einstufung/Anerkennung eines erheblichen allgemeinen Betreuungsbedarfs (§ 45a SGB XI) vor, sind aber deutliche Hinweise vorhanden, beispielsweise eine Demenzdiagnose des Hausarztes, sollte ein entsprechender Antrag gestellt werden. Es ist ratsam, dem Antrag die Diagnose des Hausarztes beizufügen, eventuell entscheidet die Pflegekasse dann sogar ohne eine weitere Begutachtung nach Aktenlage. Wurde eine Pflegestufe aktuell oder in der Vergangenheit abgelehnt, ist ebenfalls ein Antrag auf Anerkennung des erheblichen allgemeinen Betreuungsbedarfs möglich.

Tipp

Prüfen Sie Ihre Ansprüche

Wer bereits als pflegebedürftig eingestuft ist, sollte individuell prüfen, ob nicht auch eine Einstufung für den Betreuungsbedarf vorgelegen hat. Nimmt man den aktuellen Leistungsbezug der Zusätzlichen Betreuungsleistungen als Maßstab, so wird die mögliche Leistungssumme nur zu einem Drittel ausgeschöpft. Das kann beispielsweise daran liegen, dass der Antragsteller im Bescheid über die Pflegestufe den weiteren Hinweis auf die Einstufung nach § 45a nicht gelesen oder inhaltlich nicht richtig verstanden hat. Da nicht ausgeschöpfte Leistungsbeträge in das Folgehalbjahr übertragen werden können, lohnt es sich in jedem Fall zu prüfen, ob es schon in der Vergangenheit möglich gewesen wäre, die Leistung abzurufen. Nicht verbrauchte Leistungen zumindest des Vorjahres können im ersten Halbjahr (nachträglich) verbraucht werden.

So läuft das Antragsverfahren ab

1. Der Pflegebedürftige/ein Bevollmächtigter stellt den Antrag auf Einstufung/Leistungen.
2. Die Pflegekasse beauftragt einen Gutachter (meist des MDK) mit einer Begutachtung beim Pflegebedürftigen zu Hause, im Pflegeheim, im Krankenhaus, in der Rehabilitationseinrichtung oder im Hospiz.
3. Der Gutachter kündigt seinen Hausbesuch schriftlich und rechtzeitig an.
4. Der Gutachter kommt zum Hausbesuch und erstellt ein Gutachten über die Einstufung nach Pflegestufen sowie über den erheblichen allgemeinen Betreuungsbedarf.

5. Die Pflegekasse entscheidet unter Berücksichtigung des Gutachtens über die Pflegestufe und den erheblichen allgemeinen Betreuungsbedarf und schickt dem Pflegebedürftigen den Bescheid zu.

Gut zu wissen

Bescheid nach 5 Wochen

Durch die aktuelle Pflegereform ist der zeitliche Ablauf für die Begutachtung per Gesetz neu festgelegt worden (§ 18 SGB XI). Spätestens 5 Wochen nach Antragstellung muss die Pflegekasse in jedem Fall den endgültigen Bescheid über die Pflegestufe und die Einstufung bei erheblichem Betreuungsbedarf beziehungsweise die Ablehnung(en) an den Versicherten schicken. Hat eine Begutachtung durch den MDK nicht innerhalb von 4 Wochen nach Antragstellung stattgefunden, muss die Pflegekasse dem Versicherten drei alternative Gutachter nennen, die zeitnah die Begutachtung übernehmen sollen. Der Versicherte kann innerhalb einer Woche einen Gutachter auswählen, ansonsten entscheidet darüber die Pflegekasse. Wenn die Pflegekasse den Bescheid über die Pflegestufe nicht innerhalb von 5 Wochen nach Antragseingang zusendet oder die verkürzten Fristen (siehe unten) nicht einhält, muss die Pflegekasse dem Versicherten pro Woche Fristüberschreitung 70 Euro zahlen. Dies gilt nicht, wenn sie die Verzögerung nicht zu vertreten hat.

Oftmals muss kurzfristig geprüft werden, ob bei einem Pflegebedürftigen (überhaupt) mindestens die Pflegestufe 1 vorliegt, um eine nahtlose Anschlussversorgung zu ermöglichen. Eine solche sogenannte Kurzbegutachtung hat in folgenden Fällen stattzufinden:

→ Bei einem Aufenthalt im Krankenhaus oder in einer stationären Rehabilitationseinrichtung, in einem Hospiz oder bei einer ambulanten Palliativversorgung, wenn von der Einstufung die Weiterversorgung abhängt (einige Pflegeheime nehmen zum Beispiel nur eingestufte Pflegebedürftige auf) sowie bei der Beantragung von Pflegezeit nach dem Pflegezeitgesetz. Die

Kurzbegutachtung ist innerhalb einer Woche nach Eingang des Antrags durchzuführen.

➜ Auch zu Hause ist nach der Beantragung von Pflegezeit nach dem Pflegezeitgesetz (siehe Kapitel 4 unter „Das Pflegezeitgesetz: Arbeit und Pflege besser vereinbaren") eine Kurzbegutachtung innerhalb von 2 Wochen durchzuführen. In diesem Fall muss der MDK selbst den Antragsteller über die Empfehlung an die Pflegekasse (mindestens ob eine Pflegestufe vorliegt) sofort unterrichten.

Damit sollen die langen Antragsverfahren der Vergangenheit angehören. Ob die Pflegekassen angesichts der angedrohten Strafgelder das Einstufungsverfahren tatsächlich beschleunigen, kann man momentan nicht sagen. Die Pflegekassen sind nun jedenfalls nicht mehr allein vom MDK abhängig und können durch weitere Gutachter das Verfahren beschleunigen.

So können Sie sich auf die Begutachtung vorbereiten

Die Begutachtungssituation wird oft sowohl von den Versicherten als auch den Angehörigen als eine Art Prüfungssituation erlebt. Schließlich geht es ja darum, ob der Pflegebedürftige die erhofften Leistungen bekommt oder nicht. Unabhängig von einer inhaltlichen Vorbereitung (siehe unten) hilft es, wenn Sie als Beteiligter in einer solchen Situation folgende Hinweise berücksichtigen:

➜ Versuchen Sie, eine relativ normale und entspannte Atmosphäre herzustellen. Wenn Sie jedes Wort und jeden Blick des Gutachters daraufhin überprüfen, was dahinterstecken könnte, entsteht nur Stress.

➜ Je normaler der Besuch erlebt wird, je normaler man sich selbst gibt und sich dann auch der Pflegebedürftige verhält, umso realistischer ist das Bild, das sich für den Gutachter ergibt.

➜ Gerade ältere Menschen (Frauen sind da anfälliger als Männer) nehmen sich zusammen, wenn Besuch kommt. Das gilt besonders dann, wenn es sich um einen Arzt oder eine Pflegefachkraft handelt. Sicher kennen Sie selbst den Effekt: Kaum trifft der Arzt zum Hausbesuch ein, sind viele Symptome weg und nicht mehr wichtig. Sobald er die Wohnung verlassen hat, tut auf einmal wieder alles weh. Da hilft es nichts, dem Pflegebedürftigen zu sagen, er solle sich möglichst krank verhalten. Sinnvoller ist es, bei den Fragen des Gutachters die Antworten eventuell in die richtige Richtung zu korrigieren.

Beispiel

Gutachter Stein fragt, ob sich Frau Görgens noch selbst das Frühstück machen kann. Frau Görgens sagt: „Natürlich, so alt bin ich doch auch noch nicht!" Ihre Tochter ergänzt: „Wir decken doch morgens den Tisch zusammen, ich schneide dann immer das Brot und mache die Butter drauf und du verteilst dann die Marmelade!" Mit solchen oder ähnliche Formulierungen widerspricht sie der Mutter nicht, stellt aber trotzdem dar, was diese in Wirklichkeit nicht mehr kann und inwiefern die Tochter konkret hilft.

Gerade bei Krankheitsbildern wie Demenz und Alzheimer, aber beispielsweise auch bei Multipler Sklerose kann die Tagesform erheblich variieren. Oft ist zu hören: „Heute geht es ihm/ihr besonders gut, sonst ist es nicht so!" Generell sind die Gutachter in der Lage, aufgrund der Diagnosen derartige Schwankungen in etwa einzuschätzen. Ein Pflegetagebuch, das über einen längeren Zeitraum geführt wurde, kann hier einen besseren und genaueren Überblick über die tatsächliche Versorgung geben.

Wer sollte beim Besuchstermin anwesend sein?

Die allermeisten Pflegebedürftigen finden es hilfreich und wünschen es sich auch, dass die zentrale Pflegeperson als Vertrauensperson anwesend ist. In den meisten Fällen handelt es sich dabei um eine(n) Verwandte(n), was für zusätzliches Vertrauen sorgt. Es ist allerdings nicht sinnvoll, wenn die ganze Familie anwesend ist und der Gutachter beispielsweise acht Personen vor sich hat. Am besten sollte die wichtigste Pflegeperson anwesend sein, eventuell auch noch eine zweite, das reicht vollkommen. Gibt es einen amtlich bestellten Betreuer, so muss er anwesend sein oder eine durch ihn legitimierte Vertretung schicken. Er vertritt die unmittelbaren Rechte des Pflegebedürftigen, ohne ihn oder eine von ihm direkt beauftragte Vertretung kann die Begutachtung nicht stattfinden.

Ist ein Pflegedienst im Einsatz, besteht oft der Wunsch – manchmal auch vonseiten des Gutachters –, dass er ebenfalls durch eine Mitarbeiterin/einen Mitarbeiter vertreten ist. Dies bieten viele Pflegedienste an, oftmals kostenfrei, manchmal aber auch gegen eine Gebühr, da dieser Einsatz nicht von der Pflegekasse bezahlt wird.

Früher gab es bei der Terminabsprache mit dem MDK-Gutachter oft Probleme. Durch die neu im Gesetz aufgenommene Richtlinie zur Dienstleistungsorientierung im Begutachtungsverfahren (§ 18b) soll sich dies ändern. Der Gesetzgeber hat vorgesehen, dass die Gutachter sich nicht nur schriftlich anmelden müssen, sondern auch ein Zeitfenster von maximal 2 Stunden nennen sollen. So können andere Personen wie Pflegepersonen oder Mitarbeiter des Pflegedienstes ebenfalls besser planen. Falls der Pflegedienst die Tür aufschließen muss, weil der Pflegebedürftige dies nicht selbst kann, so lässt sich mit dem Gutachter sicherlich vereinbaren, dass er den Mitarbeiter des Pflegedienstes kurz vor seinem Eintreffen anruft, damit beide zeitgleich bei der Pflegeperson eintreffen.

Tipp

So sparen Sie sich Aufwand

Ein Pflegetagebuch, das in der Regel über eine Woche hinweg geführt wird, hilft dem Gutachter bei der Begutachtung. Diese Dokumentation kann oftmals dazu beitragen, dass die Pflegefachkraft des Pflegedienstes nicht unbedingt beim Termin dabei sein muss. Das spart möglicherweise Geld und Aufwand.

Welche Unterlagen sollten vorhanden sein?

Der Gutachter wird in der schriftlichen Ankündigung seines Besuchs darum bitten, dass Sie alle vorhandenen Unterlagen der Ärzte, Überleitungsberichte aus dem Krankenhaus, Medikamentenpläne und Papiere des Pflegedienstes (Pflegedokumentation) bereithalten, wenn er den Hausbesuch ankündigt. Auch das Pflegetagebuch gehört dazu, das Sie dem Gutachter in Kopie mitgeben können. Das Original sollten Sie behalten. Falls weitere Gutachten oder Unterlagen von anderen Sozialleistungsträgern vorliegen, sollten diese im Einzelfall ebenfalls vorliegen. Allerdings besagt beispielsweise ein Schwerbehindertenausweis nichts über die Höhe einer Pflegestufe im Sinne der Pflegeversicherung.

Gut zu wissen

Gutachter mit Computer

Damit die Begutachtungen schneller abgewickelt werden können, sind die Gutachter oft mit Notebooks ausgestattet. Sie tippen die Angaben direkt in den Computer ein. Das kann gerade für ältere Menschen verwirrend sein, da sich der Gutachter scheinbar immer hinter seinem Bildschirm „versteckt". In der Regel kennen die Gutachter aus ihrer Erfahrung solche Situationen und verhalten sich entsprechend. Tragen auch Sie dazu bei, dass der Pflegebedürftige entspannt bleibt.

Wie prüft der Gutachter?

Der Gutachter soll ja die tatsächliche Situation richtig einschätzen. Er würde fahrlässig handeln, wenn er allein den Erzählungen des Pflegebedürftigen oder der Pflegeperson glauben würde, ohne sich selbst von dem einen oder anderen Detail zu überzeugen. Er wird also den Pflegebedürftigen auch bitten, einzelne Tätigkeiten wenn möglich durchzuführen, zum Beispiel aufzustehen, zu gehen oder sich die Schuhe zuzubinden. Nur so wird er seiner gutachterlichen Aufgabe gerecht.

Der Gutachter wird auch Fragen stellen, beispielsweise bezüglich des aktuellen Tagesdatums oder des Geburtsdatums, um die geistigen Fähigkeiten des Pflegebedürftigen zu testen. Manchmal reagieren diese darauf sehr empört mit dem Hinweis, sie wären doch nicht „doof". Wenn Sie in dieser Situation dabei sind, wirken Sie beruhigend auf den Pflegebedürftigen ein. Diese Fragen dienen ja dazu herauszufinden, wie geistig fit der Versicherte noch ist und ob eventuell eine weitere Prüfung in Bezug auf einen erheblichen allgemeinen Betreuungsbedarf erfolgen sollte.

Auf jeden Fall wird sich der Gutachter die individuelle Wohnsituation ansehen, schon um den damit verbundenen Zeitaufwand abzuschätzen, zum Beispiel aufgrund der Entfernung zwischen Schlafzimmer zu Badezimmer. Zudem prüft er, ob sich durch den Einsatz von Pflegehilfsmitteln die Pflegesituation erleichtern oder verbessern lässt.

Das wichtigste Hilfsmittel: ein Pflegetagebuch

Schon mehrmals war in diesem Buch vom Pflegetagebuch die Rede. Es ist das vielleicht wichtigste Hilfsmittel, das Ihnen als Pflegebedürftiger zur Verfügung steht, um sich selbst einzuschätzen und die Einstufung vorzubereiten, aber auch um einen Höherstufungsantrag zu begründen. Im Pflegetagebuch erfassen Sie die Pflegezeiten auf Basis der Zeitkorridore. Darin werden also die Häufigkeit und/oder die Dauer der einzelnen Teilverrichtungen pro Tag festgehalten. Das Pflegetagebuch stellt für alle Beteiligten eine große Hilfe dar, denn

→ der Pflegebedürftige und seine Angehörigen können damit überprüfen, ob sich überhaupt ein Antrag oder Höherstufungsantrag lohnt,

→ der Gutachter hat konkrete, für seine Arbeit hilfreiche Unterlagen, die er möglichst auch in Kopie mitnehmen darf,

→ viele Pflegekassen bitten darum, dass ausgefüllte Pflegetagebücher in Kopie direkt an sie geschickt werden. Die Mitarbeiter dort haben dann Unterlagen, anhand derer sie beispielsweise auch ohne weitere Prüfung eine höhere Pflegestufe (nach Aktenlage) bewilligen können. Oder sie können nachprüfen, ob die Einschätzung des Gutachtens sich mit der Dokumentation im Pflegetagebuch deckt.

Fast alle Pflegekassen stellen ihren Versicherten Pflegetagebücher kostenfrei zur Verfügung. Im Internet findet man ebenfalls verschiedenste Varianten. Auch viele Pflegedienste können solche Dokumente zur Verfügung stellen oder besorgen. Im Anhang finden Sie die Variante eines Pflegetagebuchformulars, das wir entwickelt haben. Sie können es im Internet unter www.Ratgeber.Leben-im-Alter.de herunterladen.

Die Tagebücher der Pflegekassen in gebundener Form (Broschüre) enthalten meist Formulare für eine Woche (7 Tage), das reicht in den meisten Fällen aus. Die Pflege mindestens über diesen Zeitraum hinweg zu dokumentieren ist auch deshalb wichtig, weil bestimmte Verrichtungen nur ein oder zweimal wöchentlich vorkommen, zum Beispiel Baden oder Arztbesuche.

Die meisten Pflegetagebücher sind folgendermaßen aufgebaut: In vier Zeitabschnitten (morgens, mittags, abends, nachts) wird hier die notwendige Versorgungszeit pro Teilverrichtung dokumentiert. Manchmal sollen auch die Hilfearten – teilweise oder vollständige Übernahme, Unterstützung, Beaufsichtigung oder Anleitung – angegeben werden. Problematisch wird es allerdings, wenn ein Pflegebedürftiger öfter auf die Toilette muss oder mehr als drei Mahlzeiten bekommt. Denn aus diesem Formularaufbau geht nicht hervor, wie häufig eine Verrichtung erbracht wird, da nur die Gesamtdauer festgehalten wird. Der Gutachter braucht aber auch diese Angabe, um sie in das Gutachterformular einzutragen.

Die folgende Abbildung zeigt einen beispielhaften Ausschnitt aus unserem Formular, das pro Tag acht Dokumentationsspalten bereitstellt. Eingetragen werden können sowohl der Zeitpunkt als auch die Dauer der Verrichtungen. So lassen sich selbst mehrmalige Toilettengänge einzeln festhalten, ohne dass Sie sich die Zeiten jeweils für einen bestimmten Zeitraum merken oder anderweitig notieren müssen.

Pflegebedürftige(r): *Klaus Müller*												Tagesda
1. Körperpflege	Hilfe-art	1. x		2. x		3. x		4. x		5. x		6. x
		Uhrzeit	Dauer	Uhrzeit	Dauer	Uhrzeit	Dauer	Uhrzeit	Dauer	Uhrzeit	Dauer	Uhrzeit
Ganzkörperwäsche		07:00	20									
Teilw. Hände/Gesicht				09:15	1	11:20	1	13:20	1	16:45	1	
Kämmen		07:00	1									
Rasieren		07:00	8									
Wasserlassen (inkl. Hygiene)	U	07:00	2	09:15	2	11:20	2	13:20	2	16:45	2	
Stuhlgang (inkl. Hygiene)												
Richten der Bekleidung			1	09:15	1	11:20	1	13:20	1	16:45	1	
Wechseln der Windeln nach Wasserlassen												
Wechseln der Windeln nach Stuhlgang												
Wechsel kleiner Vorlagen		07:00	1	09:15	1	11:20	2	13:20	2	16:45	1	

Dieses Formular zeigt zusätzlich, welche Verrichtungen in welchem Zeitrhythmus notwendig sind. Erbringen nur (professionelle) Pflegekräfte die Leistungen, würde es ausreichen, allein die Häufigkeit (Beginnzeiten) einzutragen. Denn ausschlaggebend für die Einstufung ist die Zeit, die eine nicht ausgebildete Pflegeperson benötigt. Die Arbeitszeit der Pflegekräfte ist aber dann zu berücksichtigen, wenn sie aufgrund aktivierender Pflege für eine Verrichtung deutlich länger brauchen als nicht ausgebildete Pflegepersonen im Normalfall. Denn dann würden deren Versorgungszeiten deutlich länger ausfallen als die Zeitkorridore.

Tipp

Für den schnellen Überblick

Wer unsicher ist, ob es sich überhaupt lohnt, für eine Woche den Zeitaufwand zu dokumentieren, kann so vorgehen: Notieren Sie ausgehend vom aktuellen Tagesablauf einmal nur die Häufigkeit der Verrichtungen und errechnen Sie den Aufwand dafür dann probeweise mit den tatsächlichen Versorgungszeiten oder mit den Zeitkorridoren. Zeigt sich bei dieser Prüfung, dass die Grundpflegezeiten der aktuellen Pflegestufe überschritten werden, ist es sinnvoll, das Pflegetagebuch eine Woche lang vollständig zu führen, um dann eine höhere Pflegestufe zu beantragen. Bitten Sie eine Pflegefachkraft beispielsweise des Pflegedienstes oder den Pflegeberater der Pflegekasse darum, dass sie Ihnen bei der schnellen Erfassung helfen. Das ist vor allem möglich, wenn sie zur Beratung in Hinblick auf das Pflegegeld ins Haus kommt. Die Fachkraft oder der Berater können auch das Pflegetagebuch auswerten und mit Ihnen das weitere Vorgehen besprechen.

●●●

Die einzelnen Schritte zählen

Beim Dokumentieren im Pflegetagebuch entstehen seltener Probleme in Bezug darauf, ob die angegebenen Pflegezeiten ausreichen oder nicht. Viel öfter werden die einzelnen (Teil-)Schritte nicht detailliert genug erfasst.

Herr Müller kann nicht mehr alleine aufstehen und braucht auch Hilfe beim Gehen und beim Toilettengang. Wenn er auf die Toilette und zurück will, fallen dabei folgende Teilschritte im Sinne der Zeitkorridore an:
- (Hilfe beim) Gehen (einschließlich Aufstehen)
- Wasserlassen
- Wechseln kleiner Vorlagen
- Richten der Bekleidung
- Teilwäsche Hände
- (Hilfe beim) Gehen (einschließlich Hinsetzen)

Aufgrund seiner Harninkontinenz muss Herr Müller oft bis zu sieben Mal am Tag auf die Toilette.

●●●

Notwendig für die sachgerechte Ermittlung der Gesamtpflegezeit ist deshalb vor allem auch die Häufigkeit einzelner (Teil-)Verrichtungen.

Die „Eh-da"-Leistungen

Von diesen Leistungen war ja schon die Rede. Im normalen Alltag erbringen Pflegepersonen ständig die eine oder andere kleine Leistung für den Pflegebedürftigen, ohne sich das bewusst zu machen. Das kann zum Beispiel das selbstverständliche Abräumen des Tisches oder das kurze Helfen beim Aufstehen sein. Gerade wer einen nahen Angehörigen oder den Lebenspartner pflegt, dem fehlt oft der Abstand zu sehen, was er tatsächlich alles im Lauf des Tages für ihn erledigt.

Beispiel

Frau L., die Nachbarin meiner Schwester, rief mich an und erkundigte sich, wie sie sich auf den MDK-Besuch bei ihrer Mutter vorbereiten könne. Ich fragte, was sie denn für ihre Mutter alles erledigen würde. Sie sagte, dass sie ihr eigentlich nur morgens, mittags und abends das Essen in ihre Wohnung bringen würde. Das Gespräch verlief dann so:

Andreas Heiber: „Ach so. Ihre Mutter ist dann am Morgen schon aufgestanden und wartet nur auf den Kaffee?"

Frau L.: „Nein. Ich wecke sie meist und helfe ihr kurz aus dem Bett."

Andreas Heiber: „Sie wäscht sich also alleine und macht sich alleine fertig?"

Frau L.: „Eigentlich kann sie alles alleine. Ich mache ihr nur schnell die Zahnbürste fertig und helfe beim Rückenwaschen. Anziehen kann sie sich, nur bei den Strümpfen helfe ich."

Andreas Heiber: „Ihre Mutter sucht sich also die Anziehsachen alleine aus dem Schrank?"

Frau L.: „Nein, das mache ich, ich wasche ja auch die Wäsche bei uns mit."

Man kann sich nun vorstellen, wie der Dialog weitergegangen ist. Frau L. hat erst durch das Gespräch bemerkt, wie viele Aufgaben sie in Wirklichkeit für ihre Mutter übernommen hat.

Stellen Sie sich einfach die Frage, was wäre, wenn Sie nicht da wären. Und mit diesem Gedanken gehen Sie den ganzen Tag des Pflegebedürftigen Schritt für Schritt durch. Denken Sie auch daran, wie wichtig allein die Gegenwart eines Menschen sein kann: „Wenn seine Frau nicht dabei sitzt, isst Herr Groß einfach nicht!" Übersetzt für das Pflegetagebuch und die Einstufung heißt das: Hilfebedarf bei der Nahrungsaufnahme mit der Hilfeart Anleitung/Beaufsichtigung.

Der Bescheid über die Pflegestufe und das weitere Vorgehen

Nach dem Hausbesuch wird der Gutachter ein Gutachten mit all seinen Empfehlungen der Pflegekasse übermitteln. Noch vor Ort wird er in der Regel keine konkrete Aussage treffen. Das liegt daran, dass der Gutachter noch weitere Inhalte auszuarbeiten hat, bevor er endgültig eine Empfehlung ausspricht. Am Ende entscheidet aber nicht der Gutachter, sondern (allein) die Pflegekasse – natürlich unter Berücksichtigung des Gutachtens. Allerdings ist sie nicht an das Gutachten gebunden. Die Pflegekasse kann auch zu einem anderen Ergebnis kommen, beispielsweise wenn sich entsprechende Aspekte aus dem an die Pflegekasse geschickten Pflegetagebuch ergeben.

Die Kasse übersendet dann den schriftlichen Bescheid zur Einstufung in eine Pflegestufe sowie über die Einstufung bei erheblichem allgemeinem Betreuungsbedarf nach § 45a an den Versicherten. Bei der Einstufungsbegutachtung fragt der Gutachter nun auch, ob der Versicherte das Gutachten vollständig haben möchte. Diese Frage sollten Sie bejahen, denn dann wird es Ihnen automatisch mit dem Bescheid über die Pflegestufe zugeschickt.

Dabei hat die Pflegekassen den Versicherten auf mögliche Rechtsmittel und die Frist für den Widerspruch, die in der Regel 28 Tage dauert, hinzuweisen. Die Entscheidung über eine Pflegestufe kann auch befristet erfolgen (§ 33 SGB XI). Das gilt vor allem dann, wenn der Gutachter in seinem Gutachten Empfehlungen zu Rehabilitationsmaßnahmen gegeben hat und zu erwarten ist, dass sich dadurch der Zustand des Pflegebedürftigen bessert. Vor Ablauf der Befristung wird die Pflegekasse erneut eine Begutachtung veranlassen.

Was ist zu tun, wenn die Begutachtung schlecht lief?

Stellen Sie sich vor, Sie als Pflegeperson für Ihren Vater nehmen am Begutachtungstermin wegen einer Höherstufung teil. Sie haben das Gefühl, der Gutachter hört Ihnen nicht zu und versteht nicht, was sie sagen wollen. Er wirkt unaufmerksam und ist gedanklich mehr bei seinem Computer als bei Ihrem Vater. Am Ende deutet der Gutachter an, dass es keine Höherstufung geben wird.

Wenn Ihnen so etwas passiert und Sie das Gefühl haben, der Gutachter hat die normale und typische Situation nicht erfasst oder gesehen, sollten Sie nicht erst den Bescheid über die Pflegestufe abwarten, sondern Folgendes tun:

→ Nehmen Sie direkt mit der Pflegekasse Kontakt auf und berichten Sie, was Sie beobachtet haben. Gleichzeitig sollten Sie ankündigen, dass Sie, falls noch nicht geschehen, ein Pflegetagebuch führen werden.

→ Führen Sie während der nächsten 7 Tage systematisch ein Pflegetagebuch und schicken Sie dieses umgehend an die Pflegekasse.

Damit steht der Pflegekasse unabhängig vom Einstufungsgutachten eine weitere Situationsbeschreibung zur Verfügung. Das Pflegetagebuch wird sie sicherlich an den Gutachter weiterleiten und nachfragen, ob dieser die Inhalte darin berücksichtigt hat. Falls das Gutachten schon vorliegt, wird sie prüfen, ob die Zeiterfassung darin mit den Eintragungen im Pflegetagebuch übereinstimmt.

Wenn beispielsweise aus dem Tagebuch hervorgeht, dass die Grundpflege im Durchschnitt 150 Minuten dauert, der Gutachter aber nur auf 110 Minuten kommt, wird die Kasse schon vor ihrer Entscheidung klären wollen, welche Sichtweise zutrifft. Damit kann sie ein eventuelles Widerspruchsverfahren vermeiden. Deshalb ist es ratsam, sofort aktiv zu werden, wenn Sie berechtigte Zweifel an der Begutachtung haben.

So legen Sie Widerspruch ein

Gegen Entscheidungen der gesetzlichen Kranken- und Pflegekassen können Sie als Pflegebedürftiger jederzeit Widerspruch einlegen. Dies kann auch formlos und ohne Begründung geschehen, beispielsweise so: „Ich widerspreche dem Bescheid über meine Pflegestufe vom … Eine nähere Begründung übersende ich später." Der Widerspruch richtet sich also nicht unmittelbar gegen das Einstufungsgutachten, sondern gegen den Bescheid der Pflegekasse, da diese allein entscheidet. Natürlich ist es hilfreich, eine gute Begründung für den Widerspruch zu formulieren und an die Pflegekasse zu schicken.

Wenn Sie eine Begründung verfassen wollen, ist es sinnvoll, dass Sie das Einstufungsgutachten kennen. Ansonsten könnte es sein, dass Sie etwas anzweifeln, was der Gutachter aber sachgerecht berücksichtigt hat. Sie werden (durch die aktuelle Pflegereform neu geregelt) schon bei der Einstufung ausdrücklich gefragt, ob Sie selbst das Gutachten haben wollen, dies sollten Sie daher immer bejahen. Nachdem Sie das Gutachten gelesen haben, können Sie auf dieser Grundlage entscheiden, ob Sie den Widerspruch aufrechterhalten oder zurückziehen wollen.

Beispiel

Michael Hinze ist der Überzeugung, dass sein Vater Karl in Pflegestufe 2 einzustufen wäre. Überraschenderweise entscheidet die Pflegekasse jedoch auf Pflegestufe 1. Der Sohn vermutet, dass der Gutachter den Transferaufwand für seinen Vater wegen der langen Wege in der Wohnung nicht ausreichend berücksichtigt hat. Er hat darüber nämlich mit dem MDK-Gutachter bei dessen Hausbesuch heftig diskutiert. Mit dem Bescheid wurde auch das Einstufungsgutachten zugeschickt. Herr Hinze junior stellt fest, dass dieser Aspekt in der Begutachtung sachgerecht berücksichtigt wurde, und verzichtet deshalb auf einen Widerspruch.

Verhandelt wird ein Widerspruch zunächst vor dem sogenannten Widerspruchsausschuss. Das ist ein Gremium der gesetzlichen Pflegekasse besetzt mit Arbeitnehmer- und Arbeitgebervertretern der Selbstverwaltung. Dieses Vorverfahren gibt es nur in der gesetzlichen Kranken- und Pflegeversicherung. Die Pflegekasse wird den Widerspruch samt Begründung, falls diese vorliegt, dem Erstgutachter geben und ihn bitten zu überprüfen, ob er bei seiner bisherigen Entscheidung bleibt. Ist dies der Fall, wird ein Zweitgutachter den Sachverhalt erneut prüfen und eventuell zu einem weiteren Hausbesuch kommen, um sich selbst ein Bild von der Situation zu machen. Dabei wird der Zweitgutachter insbesondere auf die strittigen Punkte achten, aber nicht unbedingt eine komplett neue Begutachtung durchführen. Aufgrund des Zweitgutachtens entscheidet dann der Widerspruchsausschuss über den bisherigen Bescheid, er kann ihn abändern oder bestehen lassen. Erst gegen diesen Entscheid ist eine Klage vor den Sozialgerichten möglich. Ob eine Klage sinnvoll ist, sollten Sie unbedingt mit einem Rechtsanwalt, der sich in diesem Bereich des Sozialrechts sehr gut auskennt, klären. Auch ist es sinnvoll, sich vor Gericht von einem Anwalt vertreten zu lassen.

Gut zu wissen

Das Vorgehen bei der privaten Pflegeversicherung

Bei der privaten Pflegeversicherung gibt es kein Vorverfahren mit einem Widerspruchsausschuss. Hier wird direkt Klage beim Sozialgericht eingereicht, wenn der Versicherte mit dem Bescheid nicht einverstanden ist. Allerdings sollte auch in diesen Fällen vorab der Kontakt zur Versicherung gesucht werden, um eventuell eine Einigung ohne Gericht zu erzielen.

Wann ist ein Höherstufungsantrag sinnvoll?

Immer dann, wenn sich eine Pflegesituation verändert hat, kann der Versicherte einen Höherstufungsantrag stellen. Allerdings ist es schwierig, ohne Hilfsmittel zu erkennen, ob die Veränderung groß genug ist, um in eine höhere

Pflegestufe zu gelangen. Daher ist es hilfreich zu wissen, dass der Gesetzgeber für die Pflegestufen Zeitgrenzen bei der Grundpflege vorgegeben hat, wie sie bei den Einstufungskriterien in diesem Buch schon erläutert wurden. Damit entstehen Zeitspannen für die jeweiligen Pflegestufen, die neben der Besonderheit für Pflegestufe 3 und die Härtefallregelung (nächtlicher Hilfebedarf) zu berücksichtigen sind.

Spannbreite der Pflegestufen pro Tag			
	Nächtlicher Hilfebedarf notwendig?	Grundpflege in Minuten	
		von	bis
Pflegestufe 1	nein	46	119
Pflegestufe 2	nein	120	239
Pflegestufe 3	ja	240	359
Härtefall	ja	360	

Beispiel

Frau Keller wurde anfangs in die Pflegestufe 1 eingestuft, laut Gutachten mit insgesamt 48 Minuten Bedarf an Grundpflege. Nach einem Jahr geht es ihr „doppelt so schlecht" wie bei der ersten Begutachtung. Sie hat damit ungefähr einen Grundpflegebedarf von 100 Minuten und wäre damit immer noch Pflegestufe 1.

Wenn Sie unsicher sind, ob ein Höherstufungsantrag erfolgreich sein könnte, gehen Sie so vor: Protokollieren Sie zunächst den Ablauf eines Tages mithilfe des Pflegetagebuchs. Rechnen Sie dann aus, wie viel Zeit für die Pflege nötig ist und ob damit die nächste Pflegestufe zu erreichen wäre. Dabei ist auch die Sonderbedingung „nächtlicher Hilfebedarf" bei Pflegestufe 3 zu beachten. Befindet sich zum Beispiel ein Pflegebedürftiger in Pflegestufe 1 und ergibt sich bei der überschlägigen Berechnung ein Zeitbedarf der Pflegestufe 2, sollte sofort ein Höherstufungsantrag gestellt werden, denn mit Eingang des Antrags beginnt der Leistungsbezug. Führen Sie dann in den nächsten 7 Tagen das Pflegetagebuch weiter und schicken Sie es direkt an die Pflegekasse. Eventuell kann allein auf Basis der Aktenlage (Pflegetagebuch) eine Höherstufung erfolgen. Das gilt vor allem dann, wenn sich die anderen Umstände, die in der Begutachtung berücksichtigt werden, zum Beispiel Diagnose oder häusliche Situation, nicht wesentlich verändert haben.

Der Ablehnung eines Höherstufungsverfahrens können Sie ebenfalls widersprechen. Da ein Widerspruchsverfahren einige Wochen dauert, kann es sein, dass sich in dieser Zeit der Pflegezustand des Versicherten so verändert, dass ein Höherstufungsantrag auf jeden Fall erfolgreich wäre. Aufgrund der dann neuen Situation können Sie einen neuen Antrag stellen und den Widerspruch zurückziehen.

Manchmal kommt es auch vor, dass die Pflegekasse selbst im Lauf des Widerspruchsverfahrens empfiehlt, einen Höherstufungsantrag oder – wenn noch keine Pflegestufe vorhanden war – einen Neuantrag zu stellen und den Widerspruch zurückzuziehen.

Bevor Sie aber einen Widerspruch zurücknehmen, prüfen Sie immer erst, ob nicht schon mit dem ersten Antrag eine (höhere) Pflegestufe zu erzielen wäre. Denn für den Beginn des Leistungsbezugs wäre der neue und damit spätere Antrag ausschlaggebend, falls der erste zurückgezogen wird. Wenn Sie sicher sind, dass der Widerspruch erfolgreich sein wird, sollten Sie ihn also nicht zurückziehen. Nachdem über Ihren Widerspruch entschieden ist, können Sie ja immer noch einen Höherstufungs- oder Neuantrag stellen, wenn sich die Situation erneut verändert hat.

Welche Besonderheiten gelten bei der Begutachtung im Pflegeheim?

Im Pflegeheim spielt die jeweilige Pflegestufe eine wichtige Rolle, wenn es um die Finanzierung der Leistungen geht. Denn der Pflegesatz im Heim richtet sich in der Regel nach der Pflegestufe. Andererseits steigt mit einer höheren Pflegestufe aber auch der vom Bewohner zu bezahlende Eigenanteil. Damit ist ein Konflikt vorprogrammiert: Der Bewohner (und seine Angehörigen) will in eine möglichst niedrige Pflegestufe, das Heim benötigt aber die Pflegestufe, die ihre Leistungen refinanzieren. Der Gesetzgeber hat hier zwei mögliche Schritte festgelegt.

→ Pflegeheime haben das eigenständige Recht, Anträge auf Höherstufung zu stellen. Folgender Ablauf ist im Gesetz (§ 87a SGB XI) vorgesehen: Das Heim macht den Bewohner schriftlich darauf aufmerksam, dass nach seiner Einschätzung die Zuordnung zu einer höheren Pflegestufe gerechtfertigt wäre, und informiert darüber zusätzlich die Kostenträger, zum Beispiel die Pflegekasse. Stellt der Bewohner keinen eigenen Höherstufungsantrag, ist das Heim dazu berechtigt, ab dem zweiten Monat nach der Benachrichtigung die höhere Pflegestufe zu berechnen. Die Pflegekasse finanziert die höhere Pflegestufe des Bewohners nur dann mit, wenn er einen Einstufungsantrag stellt, ansonsten bezahlt er die Differenz allein. Stellt er einen Antrag und wird bei der Einstufung aber nicht die vom Heim geforderte höhere Pflegestufe festgestellt, muss das Heim die bisher in Rechnung gestellten höheren Kosten zurückerstatten.

→ Mit der Pflegereform 2008 bekommen die Pflegeheime eine „Prämie" in Höhe von 1.536 Euro von den Pflegekassen gezahlt, wenn ein Bewohner aufgrund von aktivierender Pflege oder rehabilitativen Maßnahmen in eine niedrigere Pflegestufe eingestuft wird. Dieses Geld muss das Heim aber wieder an die Pflegekasse zurückzahlen, wenn sich die Pflegestufe in den nächsten 6 Monaten wieder verschlechtert. Durch diese Prämie sollen Heime dazu angehalten werden, aktivierend zu pflegen. Und auch der Bewohner hat etwas davon, wenn er mitmacht, denn durch die Herabstufung reduzieren sich seine Kosten.

Habe ich eine erheblich eingeschränkte Alltagskompetenz oder nicht?

Was ist zu tun, wenn Sie nicht sicher sind, ob eine erheblich eingeschränkte Alltagskompetenz festgestellt wurde? Zunächst eine Gegenfrage: Wissen Sie das überhaupt so genau? In der Regel findet sich auf dem Bescheid über die Pflegestufe auch eine Information dazu, zumindest bei allen Bescheiden über Pflegestufen seit der Einführung des Pflegeleistungsergänzungsgesetzes 2002. Lesen Sie in diesem Bescheid nach oder – falls das Einstufungsschreiben nicht mehr greifbar ist – fragen Sie direkt bei der Pflegekasse an.

Ist eine erheblich eingeschränkte Alltagskompetenz noch nicht anerkannt worden, sind aber deutliche Hinweise darauf vorhanden, beispielsweise eine Demenzdiagnose des Hausarztes, sollten Sie einen Antrag auf Einstufung im Sinne des § 45a SGB XI stellen und auf diese Diagnose hinweisen. Das kann auch formlos geschehen. Eventuell entscheidet dann die Pflegekasse sogar ohne eine weitere Begutachtung nach Aktenlage. Unabhängig von der Pflegeeinstufung ist auch eine alleinige Anerkennung der erheblich eingeschränkten Alltagskompetenz möglich. Damit sind auch entsprechend höhere Sachleistungen verbunden. Lesen Sie mehr zu den Sachleistungen in Kapitel 5 unter „Unterstützung durch Pflegedienste: die Pflegesachleistungen" und zu den Zusätzlichen Betreuungsleistungen in Kapitel 5 unter „Was sind Zusätzliche Betreuungsleistungen?".

Kapitel 4

Die Pflegepersonen im Mittelpunkt – Absicherung und Pflegegeld

In diesem Kapitel sind all jene Leistungen der Pflegeversicherung dargestellt, die sich auf die Pflegepersonen, also die ehrenamtlich Pflegenden, beziehen. Dazu gehören auch die Leistungen nach dem Pflegezeitgesetz.

Aus vielerlei Gründen stehen die (ehrenamtlichen) Pflegepersonen im Mittelpunkt, wenn es um die dauerhafte Versorgung älterer Menschen geht. Schließlich waren und sind sie der größte Pflegedienst und dazu der finanziell günstigste. Ohne die Mithilfe durch die Angehörigen ist eine pflegerische und hauswirtschaftliche Versorgung der Pflegebedürftigen in Deutschland nicht möglich. Schließlich werden von den circa 1,6 Millionen Pflegebedürftigen, die zu Hause versorgt werden, knapp eine Million nur durch Pflegepersonen versorgt, das heißt, sie beziehen als Leistung nur das Pflegegeld.

Vor Einführung der Pflegeversicherung gab es pflegegeldähnliche Leistungen über die Krankenversicherung (§ 55 ff. SGB V alte Fassung) und über die Sozialhilfe, jedoch weder für Angehörige der Pflegestufe 1 noch in dem Umfang wie heute. Inzwischen hat die Politik erkannt, dass ohne die Pflegepersonen eine Versorgung nicht aufrechtzuerhalten ist und dass eine gewisse Art von Anerkennung und eine soziale Absicherung für sie notwendig sind. In diesem Sinne sind die nachfolgend beschriebenen Leistungen zu verstehen:

→ Schulung in Kursen oder vor Ort (§ 45 SGB XI)
→ Pflegegeld (§ 37 SGB XI)
→ Soziale Absicherung (§ 44 SGB XI)
→ Pflegezeitgesetz (Pflegezeitgesetz sowie § 44a SGB XI)

Wie Pflegepersonen geschult werden

Um die Pflegepersonen bei ihrer anerkanntermaßen schwierigen Tätigkeit zu unterstützen, hat der Gesetzgeber von Anfang an Schulungen für diese Personengruppe vorgesehen. An den Kursen können alle teilnehmen, die an der Pflege interessiert sind, selbst wenn sie noch keinen konkreten Pflegebedürftigen betreuen. Die Schulungen sind für alle Teilnehmer kostenfrei, sie werden von den Pflegekassen finanziert.

Tipp

Die Pflege proben

Überlegen Sie einmal, ob Sie vielleicht vorsorglich an einem Grundkurs zur häuslichen Pflege teilnehmen wollen. Eventuell können Sie damit für sich klären, ob und in welchem Maß Sie später einmal die Pflege von Angehörigen übernehmen wollen und können. Sogar wenn einer Ihrer Angehörigen schon im Pflegeheim ist, können Sie an einer solchen Schulung teilnehmen.

Regelmäßig werden verschiedene Grundschulungen angeboten, meist direkt über ambulante Pflegedienste. Sie können sich bei der Pflegekasse über konkrete Angebote und Veranstalter informieren. In diesen Kursen werden die wesentlichen Grundbegriffe, Handgriffe und einfache medizinische Hilfeleistungen vermittelt. Darüber hinaus gibt es spezielle und aufbauende Schulungskurse für einzelne Themenbereiche, zum Beispiel für den Umgang mit Demenzkranken oder für die Pflege von Kindern.

Neben den allgemeinen Kursen können Sie als Pflegeperson auch eine konkrete Schulung in der Wohnung „Ihres" Pflegebedürftigen in Anspruch nehmen. Denn es ist etwas anderes, ob man im Kurs beispielsweise eine Puppe in einem freistehenden Pflegebett lagert oder dann zu Hause den eigenen Vater im Schlafzimmer. Bei den Schulungen vor Ort kann viel individueller auf die spezielle Situation im Einzelfall eingegangen werden. Außerdem bekommen Sie als Pflegeperson praktische Tipps, welche Pflegehilfsmittel oder technischen Hilfen sinnvoll eingesetzt werden könnten. Es empfiehlt sich, die Schulungszeit auf mehrere kurze Termine zu verteilen, um einzelne Schritte mehrfach üben zu können. Informieren Sie sich bei den Pflegediensten in Ihrer Nähe oder bei Ihrer Pflegekasse über dieses Angebot.

Gerade während oder nach einem Krankenhausaufenthalt kann mit einer Schulung die Rückkehr des Pflegebedürftigen nach Hause – dies wird als „Überleitung" bezeichnet – einfacher bewältigt werden. Der erste Termin mit dem schulenden Pflegedienstmitarbeiter würde dann im Krankenhaus stattfinden. Als Erstes würde besprochen, wie die Situation momentan ist und wie der Übergang nach Hause gestaltet werden soll. Die Pflegefachkraft hilft Ihnen dabei, die neue Pflegesituation zu Hause zu organisieren, auch mit Hinweisen in Bezug auf notwendige Pflegehilfsmittel oder technische Hilfen.

Das Pflegegeld: ein „Dankeschön"

Wer als Pflegebedürftiger allein durch seine Angehörigen oder andere Pflegepersonen versorgt wird, kann als Leistung das Pflegegeld beziehen. Das Pflegegeld ist nicht als Bezahlung oder Lohn für die Pflegepersonen gedacht, sondern vielmehr als Anerkennung oder Dankeschön. Auch deshalb liegen die Leistungsbeträge hier deutlich unter denen für Pflegesachleistungen, der Bezahlung für die Pflegedienste.

Die Beträge des Pflegegeldes auf einen Blick		
		Für Versicherte/Pflegebedürftige mit erheblich eingeschränkter Alltagskompetenz
	Bis zu ... €	Bis zu ... €
Ohne Pflegestufe	0	120
Pflegestufe 1	235	305
Pflegestufe 2	440	525
Pflegestufe 3	700	700

Wie bei fast allen Leistungen der Pflegeversicherung ist der Bezieher des Pflegegeldes der Pflegebedürftige selbst, nicht etwa die Pflegeperson. Mit dieser finanziellen Leistung muss der Pflegebedürftige selbst seine Pflege sicherstellen und für die hauswirtschaftliche Versorgung zu Hause sorgen. Was der Pflegebedürftige tatsächlich mit dem Geld macht, bleibt ihm überlassen.

Gut zu wissen

●●●

Pflegegeld und Sozialhilfe

Wer Pflegegeld bezieht, bekommt zunächst keine ergänzenden Leistungen der Sozialhilfe. Der Versicherte stellt im Rahmen seiner Pflegestufe die Pflege sicher. Das heißt beispielsweise bei Pflegestufe 1, dass er alle notwendigen Leistungen im Rahmen der Grundpflege und Hauswirtschaft mit dem Pflegegeld abdeckt – das sind zeitlich gesehen tägliche Versorgungen von mindestens 91 und maximal 179 Minuten. Ergänzende Leistungen der Sozialhilfe zur Grundpflege und hauswirtschaftlichen Versorgung kann eigentlich nur beziehen, wer sich für den Sachleistungsbezug entschieden hat.

Pflegepersonen haben keinen Rechtsanspruch auf das Pflegegeld, sie müssen ihren Angehörigen aber auch nicht pflegen.

Herr Meyer wird von seiner Tochter gepflegt. Er zahlt ihr das Pflegegeld nicht aus, sie kümmert sich trotzdem um ihn. Zu Weihnachten überrascht Herr Meyer seine Tochter dann mit einem sehr teuren Geschenk.

Das Pflegegeld ist nicht dazu da, dass sich der Pflegebedürftige beispielsweise einen neuen Fernseher kauft, obwohl die eigene Pflege nicht sichergestellt ist. Es handelt sich also nicht um eine „zweite Rente", wie es manchmal in der Öffentlichkeit genannt wird. Der Pflegegeldbezug ist jedoch wie alle Leistungen der Pflegeversicherung unabhängig von den Einkommensverhältnissen des Pflegebedürftigen.

In vielen Fällen wird im Antrag auf Pflegegeld schon das Konto der Pflegeperson, beispielsweise der Tochter angegeben. Das könnte dann von Nachteil sein, wenn sich der Pflegebedürftige nicht mehr von seiner Tochter pflegen lassen will, sondern nun von seiner Nachbarin. Er müsste dann der Pflegekasse mitteilen, dass das Pflegegeld von nun an auf sein Konto zu überweisen ist. Auch der umgekehrte Fall wäre denkbar: Der Vater meint, dass seine Tochter, weil sie das Geld direkt von der Pflegekasse bekommt, ihn auch pflegen muss. Daher erscheint es sinnvoll, im Antrag das Konto des Pflegebedürftigen anzugeben und gegebenenfalls bei seiner Bank einen Dauerauftrag einzurichten.

Pflegegeld wird immer „pro Tag" ausgezahlt und nicht als Monatsbetrag wie die Pflegesachleistung. Geht ein Pflegegeldbezieher beispielsweise für 10 Tage in eine Kurzzeitpflegeeinrichtung, wird in dieser Zeit das Pflegegeld zur gekürzt, ab 2013 allerdings nur noch zur Hälfte. Nicht betroffen sind jeweils der erste und letzte Tag der Kurzzeitpflege. Hingegen wird das Pflegegeld während der ersten 4 Wochen eines Krankenhausaufenthalts oder einer stationären Rehabilitationsmaßnahme weitergezahlt.

Verstirbt der Pflegebedürftige, wird das Pflegegeld für diesen Monat voll ausgezahlt. Bei Bezug von Verhinderungspflege (siehe Kapitel 5 unter „Auszeit für Pflegepersonen: die Verhinderungspflege"), wenn die Verhinderungspflegeleistung für weniger als 8 Stunden am Tag erbracht wird, wird das Pflegegeld ebenfalls nicht gekürzt.

Bei einem vorübergehenden Auslandsaufenthalt von bis zu 6 Wochen wird das Pflegegeld weiter gezahlt (§ 34 SGB XI). Das Pflegegeld kann als einzige Leistung auch dauerhaft im Ausland bezogen werden, soweit sich der Pflegebedürftige in den Mitgliedsländern des Europäischen Wirtschaftsraums (alle europäischen Staaten, nicht Staaten des ehemaligen Jugoslawien) oder der Schweiz aufhält.

Die verpflichtenden Beratungsbesuche

Der ausschließliche Bezug von Pflegegeld ist an eine weitere Bedingung geknüpft: Der Pflegebedürftige muss in regelmäßigen Abständen Beratungsbesuche in Anspruch nehmen. Bei Pflegestufe 1 und 2 hat dies zweimal im Jahr, bei Pflegestufe 3 viermal im Jahr zu geschehen. Sinnvollerweise sollte auch die Pflegeperson bei diesen Terminen anwesend sein.

Die Beratungsbesuche sind laut Gesetzgeber dazu da, die Qualität der häuslichen Pflege zu sichern. Sie sollen eine regelmäßige Hilfestellung und pflegefachliche Unterstützung für die Pflegepersonen bieten. Die besonders ausgebildeten Pflegefachkräfte, die diese Besuche durchführen, helfen mit praktischen Tipps und Rat, erkennen Probleme und beschreiben Lösungen. Für die Pflegepersonen kann ein solcher Termin auch die Chance sein, regelmäßig mit Außenstehenden die Versorgungssituation und eigene Fragen zu besprechen.

Tipp

Sehen Sie die Beratungsbesuche als Chance

Die Beratungsbesuche werden oft als versteckte Kontrollen verstanden. Das ist schade, denn sowohl die Pflegebedürftigen als auch die Pflegepersonen können davon profitieren. Pflegepersonen haben die Gelegenheit, einmal mit einer neutralen Person über die Versorgung zu reden und sich Hilfe und Tipps zu holen. Die Pflegebedürftigen können die Möglichkeit nutzen und sich an neutraler Stelle über wichtige Details informieren. Oft entspannt schon allein der Zuspruch eines Fremden, der die Situation aber fachlich durchschaut, die Situation, was allen Beteiligten hilft.

Versicherte/Pflegebedürftige mit einem erheblichen allgemeinen Betreuungsbedarf, der zum Beispiel oft durch Demenzen ausgelöst wird, können die Beratungsfrequenz verdoppeln:

→ Pflegebedürftige mit einer Pflegestufe und einem anerkannten zusätzlichen Betreuungsbedarf nach § 45a können (freiwillig) auch die doppelte Anzahl der jeweils notwendigen Beratungsbesuche abrufen. Dies sind bei Pflegestufe 1 und 2 dann vier statt zwei Besuche (damit alle 3 Monate) oder bei Pflegestufe 3 acht statt vier Besuche (damit alle 6 Wochen).

→ Pflegebedürftige mit einem anerkannten zusätzlichen Betreuungsbedarf, aber noch ohne Pflegestufe, können ebenfalls zweimal pro Jahr einen Beratungsbesuch freiwillig abrufen.

Bei jedem Besuch wird ein Bericht erstellt, der mit Zustimmung des Pflegedürftigen an die Pflegekasse geschickt wird. Darin wird dargelegt, ob die häusliche Pflege sichergestellt ist, aber auch, ob es beispielsweise einen Bedarf an Pflegehilfsmitteln gibt. Werden die pflichtmäßigen (nicht die freiwilligen) Beratungsbesuche nicht fristgerecht abgerufen und durch einen Besuchsbericht dokumentiert, wird der Pflegebedürftige zunächst von der Pflegekasse daran erinnert, dies kurzfristig nachzuholen. Wird diese Aufforderung nicht beachtet, kann das Pflegegeld gekürzt werden.

Gut zu wissen

Wann sind Beratungsbesuche nicht notwendig?

Sobald neben dem Pflegegeld Pflegesachleistungen erbracht werden, zum Beispiel im Rahmen der Kombinationsleistung, sind keine Beratungsbesuche mehr notwendig. Dies gilt in der Regel nicht, soweit nur Leistungen der Verhinderungspflege erbracht werden.

Die Beratungsbesuche sind für den Pflegebedürftigen/Versicherten kostenfrei und werden direkt von der Pflegekasse bezahlt. Wer sie durchführen soll, kann der Pflegebedürftige selbst entscheiden. Bisher erfolgten die Beratungsbesuche allein durch Pflegefachkräfte der Pflegedienste. Gemäß der Vereinbarung mit den Pflegekassen werden dabei besonders qualifizierte Mitarbeiter eingesetzt. Oftmals kennen diese die Familien der Pflegebedürftigen schon lange, da in der Regel immer die gleichen Personen eingesetzt werden. Meist erinnern die Pflegedienste dann auch an die Folgetermine, sodass sie nicht vergessen werden.

Mit der Pflegereform 2008 ist es auch anderen Personengruppen erlaubt, Beratungsbesuche anzubieten und durchzuführen:

→ Zugelassene Beratungsstellen für die Pflegeberatung: Sie haben sich allein auf die Beratung spezialisiert, bieten aber keinerlei pflegerische Dienstleistungen an. Diese Beratungsstellen werden erst mit der Pflegereform 2008 von den Pflegekassen zugelassen, Erfahrungen gibt es also noch nicht.

→ Zugelassene Beratungsstellen für die Beratung Versicherter mit einem erheblichen allgemeinen Betreuungsbedarf nach § 45a, aber ohne Pflegestufe: Hierzu gehören laut Gesetzesbegründung auch Selbsthilfeverbände wie die Deutsche Alzheimergesellschaft, die sich auf die Probleme Dementer, zum Beispiel Alzheimerpatienten, spezialisiert haben. So lange nur ein erheblicher Betreuungsbedarf, aber keine Pflegestufe vorliegt, können auch diese Beratungsstellen die Besuche durchführen.

→ Ausnahmsweise: Pflegefachkräfte, die direkt im Auftrag der Pflegekassen die Besuche übernehmen: Diese Ausnahmeregelung wird nur dort greifen, wo beispielsweise keine Pflegedienste aktiv sind, zum Beispiel auf sehr kleinen Inseln wie der Hallig Hooge oder auch im Ausland.

Die neue Pflegeversicherung

96

→ Pflegeberater der Pflegekassen nach § 7a SGB XI: Sie dürfen die Beratungsbesuche ebenfalls durchführen.

Tipp

Wählen Sie den passenden Berater

Wenn Sie einen Anbieter auswählen, sollten Sie prüfen, wie viel praktische Erfahrung die Pflegefachkräfte wohl haben. Zum Beispiel sind die Mitarbeiter der Pflegedienste sicherlich praxisorientierter, weil sie selbst auch immer wieder in der Pflege arbeiten. Außerdem besteht die Möglichkeit, schon einmal die Pflegedienste kennenzulernen. Wenn es eher um organisatorische oder formale Fragen geht, können auch die Pflegeberater der Pflegekassen helfen.

Wie sind Pflegepersonen sozial abgesichert?

Neben einem kleinen finanziellen Dankeschön oder „Anreiz" war von Anfang an auch die soziale Absicherung ein Anliegen der Pflegeversicherung. Bis zu ihrer Einführung 1995 waren Pflegepersonen in keiner Weise sozial abgesichert, diese Lücke wollte man zumindest teilweise schließen. Seitdem werden Pflegepersonen in die gesetzliche Unfallversicherung aufgenommen. Zudem können sie Rentenansprüche erwerben und nach der Pflegetätigkeit Unterstützung durch die Arbeitsagentur bei der beruflichen Wiedereingliederung bekommen.

Um die sozialen Sicherungsleistungen in Anspruch nehmen zu können, müssen verschiedene Bedingungen erfüllt sein. Grundvoraussetzung ist, dass die Pflegeperson die Pflege ehrenamtlich übernommen hat. Dies ist immer dann der Fall, wenn

→ nur ein Pflegebedürftiger versorgt wird und
→ eine Entlohnung nur in Höhe des Pflegegeldes der jeweiligen Pflegestufe erfolgt.

Andernfalls müsste man vermuten, dass die Pflege erwerbsmäßig erbracht wird.

Beispiel

Frau Berger versorgt als Pflegeperson ihren Vater. Sie erhält dafür von ihm das gesamte Pflegegeld. Ihre Nachbarin ist ebenfalls pflegebedürftig und hat Frau Berger angesprochen, ob sie nicht auch sie versorgen könnte. Als Entgelt würde sie das Pflegegeld der Nachbarin bekommen. Da Frau Berger dann nicht nur einmal, sondern zweimal Pflegegeld erhält, ist sie im Sinne der Pflegeversicherung nicht mehr ehrenamtlich tätig, sondern erwerbstätig. Dies hat steuerliche, versicherungstechnische und sozialversicherungsrechtliche Folgen, unter Umständen auch für die Auftraggeber. In diesem Fall wäre es sinnvoller, Frau Berger würde nur ihren Vater über das Pflegegeld versorgen und für die Nachbarin beispielsweise im Rahmen eines gesetzlich geregelten Minijobs arbeiten.

Unfallversicherung für alle

Der Anspruch auf Leistungen der gesetzlichen Unfallversicherung besteht für alle Pflegepersonen, die einen Pflegebedürftigen im Sinne der täglich wiederkehrenden Verrichtungen pflegen und hauswirtschaftlich versorgen. Der zu Versorgende muss also eine Pflegestufe haben.

Beispiel

Frau Alfers fährt einmal in der Woche für ihren pflegebedürftigen Nachbarn mit Pflegestufe 2 einkaufen. Dabei stolpert sie und bricht sich den Arm. Dies wäre dann ein „Arbeitsunfall", den die gesetzliche Unfallversicherung regelt.

Es kommt nicht auf die Zeitdauer der Versorgung an, selbst einmalige oder kurzfristige Pflegetätigkeiten lösen den Unfallversicherungsschutz aus. Da die gesetzliche Unfallversicherung immer dann zuständig ist, wenn die Voraussetzung – ehrenamtliche Pflege eines Pflegebedürftigen – erfüllt ist, muss auch kein besonderer Antrag gestellt werden. Andererseits ist es in Hinblick auf die Verhinderungspflege, aber auch auf die Einstufung sinnvoll, dass alle Pflegepersonen der Pflegekasse gemeldet sind oder im Lauf der Zeit nachgemeldet werden. Das kann in der Regel auch formlos geschehen. Wichtig ist im Schadensfall, beispielsweise bei der Aufnahme ins Krankenhaus oder beim Hausarzt, anzugeben, dass man zum Zeitpunkt des Unfalls als Pflegeperson tätig war.

Rentenversicherung und Hilfe bei der Berufsrückkehr

Die anderen sozialen Sicherungsleistungen sind nur für die Pflegepersonen vorgesehen, die einen Pflegebedürftigen mindestens 14 Stunden in der Woche pflegen und/oder hauswirtschaftlich versorgen, jedoch nicht mehr als 30 Stunden erwerbsmäßig arbeiten (§ 19 und 44 SGB XI). Der Gesetzgeber geht davon aus, dass Pflegepersonen, die mehr als 30 Stunden in der Woche (anderweitig) erwerbsmäßig arbeiten, für ihr Alter ausreichend eigene Rentenversicherungsansprüche erwerben, sodass hier keine weitere soziale Sicherung mehr notwendig ist. Auch Pflegepersonen, die selbst schon Rente beziehen, haben keinen Anspruch mehr auf diese Leistungen.

In jedem Fall ist die Voraussetzung für den Leistungsbezug/die Zahlung der Beträge, dass die Pflegepersonen bei der Pflegekasse angegeben sind. Dann meldet die Pflegekasse diese bei der Rentenversicherung und bei der Arbeitsagentur an und zahlt die Beiträge.

Geben Sie alle Pflegepersonen an

In der Regel erfolgt eine erste Meldung durch das Einstufungsgutachten. Wenn jedoch im Lauf der Zeit andere Pflegepersonen dazukommen, ist es wichtig, diese auch der Pflegekasse zu melden. Das gilt vor allem dann, wenn sie den Pflegebedürftigen mehr als 14 Stunden pro Woche pflegen und/oder hauswirtschaftlich versorgen. Beachten Sie: Nur wer Leistungen der sozialen Sicherung beantragt, bekommt sie auch.

Leistungen zur gesetzlichen Rentenversicherung

Auf Antrag entrichten die Pflegekassen Beiträge an die gesetzliche Rentenversicherung. Wie hoch diese sind, hängt von der Pflegestufe des versorgten Pflegebedürftigen sowie vom zeitlichen Umfang ab. Für Pflegepersonen, die wegen einer Pflichtmitgliedschaft in einem berufsständischen Versorgungswerk von der Versicherungspflicht in der gesetzlichen Rentenversicherung befreit sind, werden dort entsprechende Beiträge eingezahlt.

Gemäß § 3 SGB VI sind alle Pflegepersonen, die einen Pflegebedürftigen in seiner häuslichen Umgebung mindestens 14 Stunden pro Woche pflegen und hauswirtschaftlich versorgen, in der gesetzlichen Rentenversicherung versicherungspflichtig. Das heißt: Auch Pflegepersonen, die beispielsweise als Selbständige nicht der Rentenversicherungspflicht unterliegen, sind in der Zeit der Pflege (mindestens 14 Stunden pro Woche) versicherungspflichtig. Auch wenn beispielsweise die Tochter beide pflegebedürftigen Elternteile pflegt, jedoch jeweils nur 10 Stunden in der Woche, kann sie durch die aktuelle Gesetzesänderung Leistungen zur Rentenversicherung erhalten. Denn nun können diese Pflegezeiten addiert werden. Sie muss dies nur gegenüber der Pflegekasse melden, die Pflegekassen werden diesen Punkt auch abfragen. Dies hat zur Folge, dass die zuständige Pflegekasse die entsprechenden Beiträge bezahlt. Die folgende Tabelle zeigt die möglichen Rentenversicherungsbeiträge und die sich daraus ergebenden Rentenansprüche.

Beitragszahlung der Pflegekassen an die gesetzliche Rentenversicherung (Stand 2011)				
Pflegestufe	Mindeststunden- zahl pro Woche	Fiktive Bemessungs- grundlage West/Monat in €	Fiktive Bemessungs- grundlage Ost/Monat in €	Ungefähre Rente im Monat pro Pflegejahr in €
I	14	681,33	682,69	6,94
II	14	908,44	910,25	9,26
	21	1.362,67	1.365,39	13,89
III	14	1022,00	983,85	10,42
	21	1.533,00	1.475,77	15,62
	28	2.044,00	1.967,70	20,83

Je höher die Pflegestufe, desto größer ist die fiktive Bemessungsgrundlage und desto höher fallen die jeweiligen zu erwartenden Rentenleistungen aus. Das zeigt sich selbst bei gleicher Stundenzahl.

Beispiel

Frau Keller hat für die Versorgung des Vaters (Pflegestufe 2) die bisherige Arbeit aufgegeben und pflegt ihn seit 2 Jahren circa 23 Stunden pro Woche selbst. In dieser Zeit hat sie durch die Pflegetätigkeit ihren monatlichen Rentenanspruch um insgesamt 27,80 Euro erhöht.

Frau Sender lebt in Thüringen und versorgt ihren Vater (Pflegestufe 3) seit einem Jahr. Sie pflegt ihn circa 30 Stunden pro Woche. Durch das eine Jahr Pflege bekommt Sie zu ihrem sonstigen Rentenanspruch monatlich zusätzlich 18,67 Euro.

Sicherlich wollte der Gesetzgeber mit der Staffelung der Rentenhöhe nach Pflegestufen die mutmaßlich steigende Belastung bei den höheren Pflegestufen anerkennen. In den östlichen Bundesländern sind die Renten noch etwas niedriger. Die Deutsche Rentenversicherung als zuständiger Rentenversicherungsträger hat eine Broschüre zur Rente für Pflegepersonen herausgegeben. Sie finden sie im Internet unter www.deutsche-rentenversicherung.de.

Leistungen zur Arbeitsförderung nach SGB III

Pflegepersonen werden im Rahmen der Arbeitsförderung nach SGB III als Berufsrückkehrer (§ 20 SGB III) bezeichnet und damit im Prinzip Eltern gleichgestellt, die nach der Kinderbetreuung wieder in die Erwerbstätigkeit zurückkehren wollen. Für die Wiedereinsteiger bieten die Arbeitsagenturen Informationsmaterial und Veranstaltungen an. Die Leistungen umfassen zusätzlich Bewerbertrainings und eventuell Qualifizierungsmaßnahmen. Detaillierte Auskünfte über die Unterstützung beim beruflichen Wiedereinstieg erhalten Sie bei Ihrer örtlichen Agentur für Arbeit.

Unter welchen Bedingungen laufen Rentenbeiträge und Arbeitsförderung weiter?

Die Rentenleistungen sowie die Leistungsansprüche gemäß SGB III zur Arbeitsförderung laufen weiter bei

→ vorübergehendem Auslandsaufenthalt des Versicherten von bis zu 6 Wochen im Kalenderjahr,

→ vorübergehendem Erholungsurlaub der Pflegeperson von bis zu 6 Wochen im Kalenderjahr sowie

→ in den ersten 4 Wochen einer vollstationären Krankenhausbehandlung oder einer stationären Rehabilitationsmaßnahme.

→ Auch wenn Verhinderungspflege oder Kurzzeitpflege durchgeführt wird, damit sich die Pflegeperson erholen kann, laufen seit der Reform 2008 die sozialen Sicherungsleistungen bis zu 6 Wochen pro Jahr weiter.

Das Pflegezeitgesetz: Arbeit und Pflege besser vereinbaren

Wer kurzfristig ein krankes Kind zu Hause versorgt, hat in der gesetzlichen Krankenversicherung Anspruch auf Freistellung sowie auf Krankengeld für bis zu 10 Arbeitstage pro Kalenderjahr (§ 45 SGB V). Dieser Rechtsanspruch diente als Vorbild bei der Konstruktion des im Juli 2008 neu eingeführten

Pflegezeitgesetzes, da es in beiden Fällen um die notwendige Betreuung eines nahen und hilfebedürftigen Angehörigen geht. Mit dem neuen Pflegezeitgesetz wollte der Gesetzgeber einen vergleichbaren Rechtsanspruch schaffen. Zudem ist es als politischer Versuch zu verstehen, die Pflege und Betreuung älterer Menschen dauerhaft finanzierbar zu halten. Die Pflege durch Pflegepersonen ist die kostengünstigste Variante.

Darüber hinaus bezieht das Gesetz ein Stück Realität ein: Viele Frauen (in der Regel ist die Pflege von Angehörigen noch immer „Frauensache") geben ihren Beruf auf, wenn nahe Angehörige (akut) pflegebedürftig werden. Wenn sie nach einiger Zeit feststellen, dass sie doch lieber wieder arbeiten würden, ist oft der Weg zurück nicht möglich, da der Arbeitsplatz anderweitig besetzt wurde.

Auf Grundlage dieser sehr unterschiedlichen Ansätze ist das neue Pflegezeitgesetz entstanden. Um es deutlich zu sagen: Das Gesetz stellt einen politischen Kompromiss dar. Es enthält das Recht auf Freistellung von der Arbeit mit Kündigungsschutz, aber ohne eine Form der Lohnfortzahlung. Dieser Anspruch kann auf zwei Arten genutzt werden.

Kurzfristige Arbeitsverhinderung

Beschäftigte haben das Recht, bis zu 10 Arbeitstage kurzfristig von der Arbeit fernzubleiben, um einen nahen Angehörigen in einer akut aufgetretenen Pflegesituation selbst zu versorgen oder seine Versorgung zu organisieren. Auf Verlangen des Arbeitgebers hat der Beschäftigte eine ärztliche Bescheinigung über die Pflegebedürftigkeit des nahen Angehörigen und deren Erforderlichkeit vorzulegen. Der Arzt muss hier eine (auch voraussichtliche) Pflegebedürftigkeit im Sinne der Pflegeversicherung feststellen und konkret benennen, warum eine sofortige Versorgung notwendig ist. Dieses Attest muss der Beschäftigte privat zahlen, es wird laut der Gesetzesbegründung um die fünf Euro kosten. Dem Gesetzestext folgend reicht eine Bescheinigung über die Pflegestufe nicht aus.

Diese Leistung ist für akute Krisen, bei Ausfall der normalen Pflegeperson oder auch nach Krankenhausaufenthalten gedacht, wenn die Angehörigen

(Beschäftigten) erst einmal einspringen und innerhalb von maximal 10 Arbeitstagen die neue Versorgung organisieren müssen. Vom Gesetzestext her ist keine Fallbeschränkung vorgesehen: Es könnte also auch mehrfach hintereinander eine kurzfristige Arbeitsverhinderung genommen werden, beispielsweise bei schubartigen Krankheiten wie Multiple Sklerose. Der Gesetzgeber geht allerdings in den Gesetzesmaterialien davon aus, dass pro Angehörigem die kurzzeitige Arbeitsverhinderung nur einmal pro Pflegebedürftigen genommen wird.

> **Tipp**
>
> **Kündigen Sie schwierige Situationen an**
> Es ist sinnvoll und hilfreich, möglichst frühzeitig mit dem Arbeitgeber/Personalverantwortlichen über eine schwierige häusliche Pflegesituation zu reden, anstatt ihn einfach mit einem Attest zu überraschen. Im Rahmen der Vereinbarkeit von Arbeit und Familie entwickeln die Arbeitgeber zunehmend ein Problembewusstsein für solche Fälle.

Eine Lohnfortzahlung findet in der Regel nicht statt (nur wenn sie tarifvertraglich geregelt wäre). In Bezug auf andere Sozialversicherungsleistungen besteht bei der kurzzeitigen Arbeitsverhinderung keine Versorgungslücke, diese laufen weiter.

Pflegezeit von bis zu 6 Monaten

Beschäftigte sind von der Arbeit bis zu längstens 6 Monate freizustellen, wenn sie einen nahen Angehörigen in häuslicher Umgebung pflegen (wollen). Dieser Anspruch besteht allerdings nur, wenn sie in Betrieben mit mehr als 15 Beschäftigten arbeiten (Anzahl der Köpfe, nicht der Stellen!). Der Beschäftigte (die Pflegeperson) muss die Pflegebedürftigkeit des nahen Angehörigen nachweisen, indem eines der folgenden drei Dokumente vorlegt:

→ den Bescheid der Pflegekasse über die Pflegestufe,
→ die Feststellung des MDK über die Pflegestufe oder
→ die Feststellung des MDK (im Rahmen einer Kurzbegutachtung), dass mindestens eine Pflegestufe erreicht wird.

Die Ankündigungsfrist beträgt 10 Arbeitstage, die Ankündigung muss schriftlich erfolgen. Anzugeben sind der Zeitraum und bei Teilzeit der Umfang der Freistellung. Auch eine teilweise Freistellung ist möglich, es sei denn, besondere betriebliche Gründe sprechen dagegen. Die Pflegezeit kann auch kürzer genommen (beispielsweise zunächst 3 Monate) und eventuell bis zur Höchstdauer verlängert werden. Eine Verlängerung ist (nur) mit Zustimmung des Arbeitgebers möglich, allerdings „kann sie verlangt werden, wenn ein vorgesehener Wechsel aus wichtigem Grund nicht erfolgen kann" (§ 4 Absatz 1 Pflegezeitgesetz).

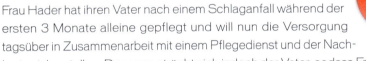

Beispiel

Frau Hader hat ihren Vater nach einem Schlaganfall während der ersten 3 Monate alleine gepflegt und will nun die Versorgung tagsüber in Zusammenarbeit mit einem Pflegedienst und der Nachbarin sicherstellen. Dagegen sträubt sich jedoch der Vater, sodass Frau Hader die Pflegezeit verlängern muss, bis dieser die neue Versorgung akzeptiert, jedoch nicht länger als insgesamt 6 Monate.

Die Pflegezeit endet, wenn eine häusliche Pflege nicht mehr möglich ist, 4 Wochen nach Eintritt der veränderten Umstände. Das gilt zum Beispiel, wenn der Pflegebedürftige in ein Pflegeheim umzieht, aber auch im Todesfall. Ansonsten kann die Pflegezeit nur vorzeitig beendet werden, wenn der Arbeitgeber zustimmt.

Während der Pflegezeit übernimmt die Pflegekasse auf Antrag die Pflichtbeiträge der Kranken- und Pflegeversicherung für die Pflegeperson, soweit keine anderweitige Absicherung vorhanden ist. Sie würde die Beiträge nicht zahlen, wenn die Pflegeperson weiterhin über eine Familienversicherung des

Ehepartners in der gesetzlichen Krankenversicherung abgesichert ist oder wenn die bisherige Krankenversicherung weiter besteht, weil die Arbeitszeit nur reduziert wird. Dies gilt auch für die Versicherten der privaten Kranken- und Pflegeversicherung, allerdings werden hier nur die jeweiligen Pflichtbeiträge in der gesetzlichen Krankenversicherung übernommen.

Tipp

Stellen Sie den Antrag auf Übernahme der Kranken- und Pflegeversicherungsbeiträge umgehend

Wichtig ist, dass der Antrag auf Übernahme der Pflichtbeiträge umgehend gestellt wird, da ab dem ersten Tag der Pflegezeit keine Kranken- und Pflegeversicherung mehr über das bisherige Arbeitsverhältnis besteht (außer bei Verringerung der Arbeitszeit). Auch die Ansprüche gegenüber der Arbeitslosenversicherung bleiben erhalten, da die Pflegekasse auch dafür die entsprechenden Pflichtbeiträge bezahlt.

Das Pflegezeitgesetz legt abschließend fest, wer unter die Begriffe „Angehörige" und „Arbeitnehmer" fällt. Nahe Angehörige im Sinne des Pflegezeitgesetzes sind folgende Gruppen:

→ Großeltern, Eltern, Schwiegereltern
→ Ehegatten, Lebenspartner, Partner in einer eheähnlichen Gemeinschaft, Geschwister
→ Kinder, Adoptiv- oder Pflegekinder, die Kinder, Adoptiv- oder Pflegekinder des Ehegatten oder Lebenspartners, Schwiegerkinder und Enkelkinder

Folglich kann auch die (junge) Großmutter Pflegezeit nehmen, um ihren (behinderten) Enkel zu versorgen. Gleiches gilt für die Enkelin, die ihre Großeltern versorgt oder den Bruder, der seine Schwester pflegen will.

Als Arbeitnehmer im Sinne des Pflegezeitgesetzes gelten:

→ Arbeitnehmerinnen und Arbeitnehmer,
→ die zu ihrer Berufsausbildung Beschäftigten und

→ Personen, die wegen ihrer wirtschaftlichen Unselbständigkeit als arbeitnehmerähnliche Personen anzusehen sind; zu diesen gehören auch die in Heimarbeit Beschäftigten und die ihnen Gleichgestellten.

Zu erwähnen ist, dass die Ausweitung Heimarbeiter ausdrücklich in den Kündigungsschutz des Pflegezeitgesetzes einbezieht. Beamte hingegen sind keine Arbeitnehmer im Sinne des Pflegezeitgesetzes. Für sie gelten allerdings sehr viel weiter reichende Befreiungsmöglichkeiten im Rahmen der jeweiligen beamtenrechtlichen Regelungen.

Sowohl im Rahmen der kurzfristigen Arbeitsverhinderung als auch der Pflegezeit besteht von der Ankündigung an bis zur Beendigung Kündigungsschutz.

Wer kann die Pflegezeit in Anspruch nehmen?

Wenn beide Partner arbeiten, können auch beide die Leistungen des Pflegezeitgesetzes in Anspruch nehmen.

Beispiel

Sowohl Herr als auch Frau Reichert sind berufstätig. Der Vater von Frau Reichert erleidet einen Schlaganfall und wird nach der Rehabilitation nach Hause entlassen. Er zieht nun zu seiner Tochter.
Für die ersten 6 Monate nimmt Frau Reichert die Pflegezeit in Anspruch. Danach übernimmt ein Pflegedienst zusammen mit einer Nachbarin die Betreuung während der Arbeitszeit. Nach einem Jahr wird die Nachbarin plötzlich krank und Herr Reichert meldet für einige Tage kurzzeitige Arbeitsverhinderung an, um die weitere Versorgung sicherzustellen und neu zu organisieren.

Rechnet sich Pflegezeit statt Arbeit?

Das Pflegezeitgesetz schützt zwar den Arbeitsplatz der Pflegepersonen, aber es sieht keinerlei finanzielle Leistungen wie eine Lohnfortzahlung vor. Trotzdem gibt es indirekt lohnähnliche Leistungen in Form des Pflegegeldes und Leistungen der sozialen Sicherung. Wie aber sieht die finanzielle und soziale Absicherung im Fall einer Pflegezeit genau aus? Dazu folgt ein Beispiel.

Herr Zander kommt nach einer akuten Gesundheitsverschlechterung aus dem Krankenhaus und ist nun in Pflegestufe 2 eingestuft. Für die Tochter stellt sich die Frage, ob sie nicht erst einmal selbst die Versorgung übernimmt.

Welche Leistungen kann die Tochter von Herrn Zander erwarten, wenn sie die Pflege zu Hause selbst übernimmt und Pflegezeit beansprucht?

- → Das Pflegegeld in Höhe von 440 Euro könnte die Tochter bekommen. Dafür fällt keine Steuerbelastung an, da Pflegegeld grundsätzlich steuerfrei bleibt.
- → Als Pflegeperson wird sie mehr als 14 Stunden wöchentlich für die Pflege ihres Vaters aufwenden. Somit kann sie auch die sozialen Leistungen für die Pflegeperson nach § 44 in Anspruch nehmen. Wenn sie ihren Vater mehr als 21 Stunden wöchentlich pflegt und hauswirtschaftlich versorgt, würde die Pflegekasse monatlich 267,08 Euro (für ein fiktives Arbeitsentgelt von 1.362,67 Euro) Rentenversicherungsbeiträge an die gesetzliche Rentenversicherung überweisen. Das entspricht einem monatlichen Rentenanspruch von circa 13,90 Euro pro Jahr der Pflege (Beispiel Westländer).
- → Die Tochter ist als Pflegeperson im Rahmen der Pflege und hauswirtschaftlichen Versorgung des Pflegebedürftigen in der gesetzlichen Unfallversicherung versichert.

→ Die Pflegeversicherung übernimmt die Pflichtbeiträge zur Arbeitslosen-versicherung gemäß SGB III.

→ In der Kranken- und Pflegeversicherung ist sie entweder über die bestehende Familienversicherung ihres Ehepartners versichert oder die Pflegekasse übernimmt die Pflichtbeiträge für die gesetzliche Kranken- und Pflegever-sicherung. Die Pflegekasse würde auch die gleichen Beträge für eine ver-gleichbare private Kranken- und Pflegeversicherung zahlen (laut Gesetzes-begründung circa 140 Euro im Monat). Dabei wird die Versicherung weitergeführt, die der Versicherte bis dahin hatte.

→ Im Fall einer Verhinderung oder bei Vertretung könnte Herr Zander Leis-tungen der Verhinderungspflege, beispielsweise über einen Pflegedienst, im Umfang von 1.550 Euro pro Jahr in Anspruch nehmen.

Für die aufgeführten Geld- und Sozialleistungen stellt die Tochter die Pflege und hauswirtschaftliche Versorgung ihres Vaters sicher. Da er in Pflegestufe 2 eingestuft ist, reicht die Versorgungszeit von 3 bis 5 Stunden täglich, die bei der Begutachtung zugrunde gelegt wurde, wenn kein nächtlicher Hilfebedarf vorhanden ist. Hochgerechnet auf den Monat sind dies mindestens 91 bis 152 Stunden. Dazu kommen weitere Betreuungsleistungen, die in der Pflege-einstufung nicht berücksichtigt werden.

Dem gegenüber stehen die finanzielle Anerkennung (Pflegegeld) und So-zialleistungen in Höhe von etwa 847,08 Euro (Pflegegeld, Rentenbeiträge, Kranken- und Pflegeversicherung). Das entspräche allein für die direkten „Pflegeversicherungsleistungen" einem Bruttostundenlohn von circa 5,57 Euro bis 9,31 Euro, ausgezahlt werden an die Pflegeperson aber nur circa 2,89 Euro bis 4,84 Euro.

Diese Zahlen zeigen, dass man sich die Pflegezeit auch finanziell leisten können muss, schließlich gibt es keine Lohnfortzahlung. Wer zudem bisher schon eine Person gepflegt und das Pflegegeld erhalten hat, wird auf den Ar-beitslohn erst recht nicht verzichten können. Die Inanspruchnahme der Pflege-zeit muss also auch unter wirtschaftlichen Aspekten gut durchdacht wer-den.

Pflegen oder Arbeiten?

Das Thema Vereinbarkeit der Erwerbstätigkeit und der Pflege von Angehörigen bekommt langsam ähnlich viel Aufmerksamkeit wie die Vereinbarkeit von Beruf und Familie mit Kindern. Allerdings ist im Gegensatz zur Schwangerschaft und Elternzeit die tatsächliche Zeit der Pflege weder planbar noch kalkulierbar. Und auch die emotionale Belastung ist sicher eine ganz andere als beim Aufziehen der Kinder.

Die Pflege seines Angehörigen in den Vordergrund und den Beruf in den Hintergrund zu stellen, ist in jedem Fall mutig und bedeutsam. Diese Entscheidung muss nach unserer Erfahrung oftmals sehr schnell und unter emotional schwierigen Umständen getroffen werden. Auch hat die betroffene Person selbst meist wenig Erfahrung mit der Pflege und Versorgung älterer Menschen. Im Lauf der Pflegezeit wird erst erkennbar, was das wirklich bedeutet. Viele Pflegepersonen würden nach einiger Zeit gern die Pflege und Versorgung auf mehrere Schultern verteilen und (zumindest zeitweise) in den Beruf zurückkehren. Dabei ist das Pflegezeitgesetz ein gutes Hilfsmittel: Die Betroffenen müssen nun nicht mehr eine Entscheidung ohne Rückkehrmöglichkeit treffen, sondern haben maximal ein halbes Jahr Zeit, sich auch anders zu orientieren. Damit kann die Pflegezeit zur Probezeit für die Pflege werden.

Tipp

Tauschen Sie sich über Ihre Pläne aus

Wenn es um die Entscheidung für oder gegen eine Pflegezeit geht, sollten Sie vertrauensvoll das Gespräch mit dem Arbeitgeber suchen. Auch für ihn ist es nicht ohne weiteres leicht, eine Mitarbeiterin/einen Mitarbeiter zu ersetzen. Teilweise haben Arbeitgeber auch schon Beratungskonzepte zur Vereinbarkeit von Arbeit und Pflege erarbeitet, sodass man gemeinsam sinnvolle Lösungen finden kann. In vielen Fällen ist es hilfreich, zunächst einen Stufenplan zu entwickeln und sich regelmäßig über den weiteren Weg auszutauschen. Mehr Informationen dazu, wie Firmen die Vereinbarkeit von Arbeit und Pflege organisieren können, finden Sie im Internet, beispielsweise unter www.arbeitundpflege.de.

Nach Ende der Pflegezeit kehren die Pflegepersonen normalerweise wieder an ihren alten Arbeitsplatz zurück, dies ist rechtlich garantiert. Wenn sie über die Pflegezeit hinaus dauerhaft pflegen wollen, müssen sie prüfen, wie die weitere soziale Absicherung zu regeln ist. Die Rentenversicherung in Höhe der durch die Pflegeversicherung bezahlten Beiträge sowie das Recht auf berufliche Wiedereingliederung bleiben bestehen. Nach der Pflegezeit werden hingegen keine Beiträge zur Kranken- und Pflegeversicherung sowie zur Arbeitslosenversicherung von der Pflegekasse mehr gezahlt.

Es besteht bei allen drei Versicherungen auch die Möglichkeit, sich auf eigene Kosten freiwillig weiterzuversichern. Dies ist frühzeitig mit der zuständigen Kranken- und Pflegeversicherung zu klären. Bei der Pflege von Pflegebedürftigen kann auch die Arbeitslosenversicherung gemäß § 28a SGB III freiwillig weitergeführt werden, sodass die Pflegeperson nach Ende der Pflege auch weiterhin Anspruch auf Arbeitslosengeld hätte. Lassen Sie sich hierzu frühzeitig von der Arbeitsagentur an Ihrem Wohnort beraten!

Kapitel 5

Unterstützung zu Hause – Pflegedienste und weitere Leistungen

In diesem Kapitel werden die Leistungen dargestellt, die Pflegedienste und andere übernehmen können, außerdem die Leistungsansprüche für Pflegehilfsmittel. Und Sie erfahren mehr über die
neuen Leistungen in Wohngemeinschaften.

Neben der finanziellen und sozialen Absicherung der Pflegepersonen finanziert die Pflegeversicherung eine Reihe von Leistungen, die Pflegedienste und stationäre Einrichtungen erbringen. Wie bereits erwähnt, kann der Zuschuss der Pflegeversicherung nicht die Kosten decken, die aufgebracht werden müssen, um eine Versorgung vollständig durch Dienstleister wie Pflegedienste zu ermöglichen. Folgende Dienstleistungen und Leistungen unterstützen die Pflege zu Hause:

→ Pflegeleistungen durch den Pflegedienst (Pflegesachleistung) § 36 SGB XI; auch in Kombination mit Pflegegeld § 38 SGB XI
→ Urlaubs- beziehungsweise Verhinderungspflege § 39 SGB XI
→ Zusätzliche Betreuungsleistungen für Menschen mit erheblich eingeschränkter Alltagskompetenz § 45b SGB XI
→ Pflegehilfsmittel und wohnumfeldverbessernde Maßnahmen § 40 SGB XI

Unterstützung durch Pflegedienste: die Pflegesachleistungen

Zugegebenermaßen ist der Name etwas seltsam, denn die Pflegesachleistungen sind keine Gegenstände, sondern konkrete Handlungen der Grundpflege und Hauswirtschaft, die von zugelassenen Pflegediensten ausgeführt werden. Das Wort „Sachleistung" verdeutlicht aber, dass diese Leistungen von der Pflegekasse nicht in Form von Geld, sondern indirekt als Dienstleistung zu erbringen sind. Zugelassen sind die Pflegedienste, die einen Versorgungsvertrag mit den Pflegekassen haben, was für fast alle Pflegedienste gilt. Diese Pflegedienstleistungen können überall dort erbracht werden, wo sich der Pflegebedürftige aufhält, also zum Beispiel auch bei seiner Tochter zu Hause oder am Urlaubsort. Eine Sachleistung im Ausland kann nur dann für bis zu 6 Wochen im Jahr abgerechnet werden, wenn die Pflegekraft des Pflegedienstes, die den Pflegebedürftigen auch zu Hause (in der Regel) versorgt, ihn begleitet.

Die Höhe der Sachleistungen richtet sich nach der jeweiligen Pflegestufe. Leistungen bis zur Leistungsgrenze können die Pflegedienste direkt mit den Pflegekassen abrechnen. Die Leistung ist für zwei Gruppen unterschiedlich hoch: Versicherte mit erheblich eingeschränkter Alltagskompetenz erhalten erhöhte Sachleistungen (und auch Geldleistungen).

		Erheblich eingeschränkte Alltagskompetenz
	Bis zu ... €	Bis zu ... €
Ohne Pflegestufe	0	225
Pflegestufe 1	450	665
Pflegestufe 2	1.100	1.250
Pflegestufe 3	1.550	1.550
Härtefall	1.918	1.918

Die Sachleistungsbeträge sind als Zuschuss zu betrachten, sie reichen nicht aus, um die tatsächlich notwendigen Pflegeleistungen zu finanzieren. Darüber hinausgehende Leistungen werden privat bezahlt.

Die ambulante Härtefallleistung ist laut Gesetzestext auf drei Prozent der Leistungsempfänger der Pflegestufe 3 beschränkt. Wegen dieser prozentualen Begrenzung im Gesetz kann es theoretisch vorkommen, dass ein Pflegebedürftiger zwar die Bedingungen eines Härtefalls erfüllt, ihn jedoch nicht bekommt, weil es schon zu viele Härtefälle gibt. Diese Grenze wird durch den Spitzenverband der Pflegekassen überwacht, in der Praxis wird dies durch die Kriterien der Härtefallrichtlinie umgesetzt. Bisher sind jedoch Ablehnungen wegen Überschreitung der prozentualen Grenze nicht bekannt.

Der Sachleistungsanspruch besteht pro Monat. Das ist gerade dann wichtig, wenn die Pflege im laufenden Monat beginnt, beispielsweise nach einem Krankenhausaufenthalt. Der Gesamtbetrag wird auch dann ausgezahlt, wenn die Pflege nicht den ganzen Monat dauert, beispielsweise wenn der Pflegebedürftige in ein Pflegeheim umzieht, aber auch im Todesfall.

Beispiel

Die pflegebedürftige Frau Pahl mit Pflegestufe 3 ist vom 1. bis 17. des Monats im Krankenhaus, danach kommt sie wieder nach Hause. Für den Restmonat (hier 13 Tage) steht die volle Sachleistung von 1.550 Euro zur Verfügung.

Die Sachleistungen lassen sich mit dem Pflegegeld kombinieren, wenn erstere nicht zu 100 Prozent ausgeschöpft werden. Mehr dazu erfahren Sie beim Thema Kombinationsleistungen in Kapitel 5 unter „Sach- und Geldleistungen gleichzeitig: die Kombinationsleistung".

Die Pflegedienste dürfen im Rahmen der Pflegeversicherung nur die Leistungen erbringen, die sich aus dem Katalog der täglich wiederkehrenden Verrichtungen für die Einstufung ergeben. Die Leistungen werden ab 2013 in zwei Varianten angeboten: als Pauschalleistungen oder nach Arbeitszeit vor Ort.

Leistungskomplexe

Einzelne Leistungen (zum Beispiel das An- und Auskleiden) werden in der Regel nicht als Einzelleistung angeboten, sondern in Form von sogenannten Leistungskomplexen oder Modulen. Das sind Pakete, die sich aus einer bestimmten Reihe von Leistungen zusammensetzen, zum Beispiel wird die Versorgung am Morgen oft als „Kleine Morgentoilette" beschrieben.

Die Leistungskomplexe sind vertraglich mit den Pflegekassen festgelegt, der Pflegedienst kann also nicht einzelne Bestandteile durch andere ersetzen. Der Pflegebedürftige „kauft" die fertigen Leistungskomplexe oder Module, unabhängig davon, wie lange die Leistung konkret bei ihm dauern wird. Daraus ergibt sich kein zeitlicher Anspruch, sondern es geht allein um die bestimmte Leistung.

Beispiel

Zur „Kleinen Morgentoilette" gehören das Ankleiden, die Teilwäsche, die Zahnpflege sowie der notwendige Transfer. Die pflegebedürftige Frau Richter kann sich jedoch allein und ohne Hilfe ankleiden. Sie möchte, dass die Pflegekraft stattdessen die Blumen gießt. Das ist aber nicht möglich, da nicht Zeit „gekauft" wird, sondern eine Reihe konkreter Leistungen. Selbst wenn einzelne Teile davon nicht benötigt werden, können sie nicht gegen andere Hilfestellungen ausgetauscht werden.

Pflegedienste müssen die jeweiligen Leistungskomplexe abrechnen, wenn der „Kern" der Leistung erbracht wurde: Die oben genannte „Kleine Morgentoilette" ist beispielsweise immer dann anzusetzen, wenn zumindest die Teilwäsche vorgenommen worden ist. Die Pflegekraft des Dienstes übernimmt bei den verschiedenen Leistungskomplexen Hilfe in der Form, wie sie nötig ist, zum Beispiel als teilweise Verrichtung oder Anleitung. Das bedeutet nicht, dass die Pflegekraft alle Tätigkeiten selbst ausführt. Es kann auch sein, dass sie den Pflegebedürftigen zum Beispiel beim Waschen unterstützt oder ermuntert weiterzuessen. Der Pflegebedürftige würde sich nicht waschen oder nicht essen, wenn die Pflegekraft nicht anwesend wäre, um ihn zu unterstützen. Zu einem Leistungspaket gehört in der Regel auch die Vor- und Nachbereitung.

Zeitabrechnung

Um die Leistungserbringung weiter zu flexibilisieren, hat der Gesetzgeber die Möglichkeit geschaffen, alle Leistungen auch nach Zeitaufwand abzurechnen. Dabei steht weniger der Inhalt der Leistung im Vordergrund, dennoch kann auch hier nur das erbracht werden, was im Rahmen der „täglich wiederkehrenden Verrichtungen" nach § 14 definiert ist. Der Pflegebedürftige wählt zunächst die Dauer und bespricht dann die Leistungen, die in dieser Zeit erbracht werden sollen. Ist die Zeit vorbei, muss der Pflegedienst gehen, es sei denn, der Pflegebedürftige verlängert den Auftrag.

Der Pflegedienst wird jeden Pflegekunden über die Vor- und Nachteile der beiden Systeme beraten, die Entscheidung trifft aber allein der Pflegekunde, der ja auch den Auftrag vergibt.

Tipp

Wenn eine Versorgung gerade erst anfängt, lässt sich oftmals nicht gut einschätzen, wie lange alles dauern wird. Deshalb bietet es sich an, die Leistungen zunächst in Form von Pauschalen (Leistungskomplexe) zu wählen. Mit den Erfahrungen nach einigen Wochen kann man dann auf Zeitabrechnung umstellen, wenn es sinnvoll und günstiger erscheint. Sie als Kunde des Pflegedienstes dürfen die Wahl treffen und sich auch immer wieder (für die Zukunft) umentscheiden. Oft ist es schlicht eine finanzielle Sache, welches der beiden Systeme im Einzelfall günstiger ist. Wer zum Beispiel immer eine bestimmte Zeit für die Grundpflege haben möchte, kann eine Abrechnung nach Zeit vereinbaren. Für die Hauswirtschaft dürfte eine Abrechnung des Zeitaufwands immer die günstigste Lösung sein.

Die Leistungskataloge, die Zeitabrechnung und die dazugehörigen Preise werden von den Landesverbänden der Pflegekassen mit den Pflegediensten vereinbart. Die Pflegekassen fungieren dabei als „Sachwalter" der Versicherten. Sie dürfen nur Preise vereinbaren, die es den Pflegediensten bei wirtschaftlicher Betriebsführung erlauben, ihren Versorgungsauftrag, nämlich die Versorgung der Pflegekunden mit bestimmten Leistungen, zu erfüllen. Die Pflegedienste bekommen laut Gesetzestext nicht mehr und nicht weniger als eine „notwendige" Vergütung dafür.

Die Vergütungshöhe und die Leistungskataloge können sich von Bundesland zu Bundesland und auch von Pflegedienst zu Pflegedienst unterscheiden. Aktuelle Informationen über die Leistungsinhalte und Preise erhalten Sie bei den Pflegediensten direkt, aber auch bei den Pflegekassen, beispielsweise wenn Sie Ihren Antrag stellen.

Zurzeit gibt es schätzungsweise etwa 20 verschiedene Leistungskataloge (bei nur 16 Bundesländern). Deshalb lassen sich keine allgemeinen Aussagen über die Preise bestimmter Leistungen bundesweit treffen, sondern es muss immer erst der Leistungskatalog im betreffenden Bundesland eingesehen werden. Die Katalogvielfalt hat sich historisch entwickelt. Ob die Pflegedienste die konkreten Leistungskomplexe nun gut oder schlecht finden, spielt keine Rolle: Sie sind vertraglich verpflichtet, sich daran zu halten. Durch die zusätzliche Möglichkeit der Zeitabrechnung entsteht zwar mehr Flexibilität, aber es wird nicht unbedingt einfacher.

Die neue Sachleistung „Häusliche Betreuung"

Ab 2013 kann der Pflegedienst im Rahmen der Sachleistung für alle Pflegekunden nicht nur Grundpflege und Hauswirtschaft erbringen, sondern auch die neue Leistung „Häusliche Betreuung". Sie soll folgende Inhalte haben:

→ Unterstützung von Aktivitäten im häuslichen Umfeld, die dem Zweck der Kommunikation und der Aufrechterhaltung sozialer Kontakte dienen

→ Unterstützung bei der Gestaltung des häuslichen Alltags, insbesondere Hilfen zur Entwicklung und Aufrechterhaltung einer Tagesstruktur, zur Durchführung bedürfnisgerechter Beschäftigungen und zur Einhaltung eines bedürfnisgerechten Tag-Nacht-Rhythmus

Der Pflegedienst kann auf Wunsch auch alle möglichen Betreuungsleistungen übernehmen und diese als Sachleistungen abrechnen. Bisher ließen sich solche Betreuungsleistungen nur als „Zusätzliche Betreuungsleistungen" von all denen Versicherten oder Pflegebedürftigen abrechnen, die entsprechend eingestuft waren. Alle anderen Pflegebedürftigen konnten solche Leistungen nur bei Verhinderung der Pflegeperson über die Verhinderungspflege abrechnen.

Frau Schmeller benötigt morgens Hilfen beim Aufstehen und bei der Morgenversorgung. Anschließend macht der Pflegedienst noch das Frühstück. Frau Schmeller frühstückt immer gern ausgiebig. Nach dem Frühstück, so gegen 10:00 Uhr, möchte Frau Schmeller eine halbe Stunde spazieren gehen, dazu kommt die Pflegekraft vom Pflegedienst wieder. Diese Leistung wird als Sachleistung abgerechnet.

Voraussetzung für Leistungen der Häuslichen Betreuung ist immer, dass die notwendige Grundpflege und Hauswirtschaft sichergestellt ist. Ist dies nicht der Fall, darf der Pflegedienst keine Häusliche Betreuung erbringen. Der Pflegedienst wird hier vom Gesetzgeber in die Verantwortung genommen, deshalb muss er vermutlich folgendermaßen vorgehen: Bei Beginn der Versorgung wird mit dem Pflegebedürftigen und seinen Pflegepersonen besprochen, was notwendig ist und wer welche Aufgaben übernimmt. Sind mit der Planung Grundpflege und Hauswirtschaft garantiert, kann der Pflegedienst auch Häusliche Betreuung übernehmen. Wenn sich im Laufe der Versorgung zeigt, dass beispielsweise die Hauswirtschaft nicht erbracht wird (die Küche ist verdreckt und wird nicht von den Pflegepersonen wie besprochen gereinigt), muss der Pflegedienst auf diese Probleme hinweisen. Das wird er nicht nur im Gespräch tun, sondern auch in der Pflegedokumentationsmappe schriftlich festhalten. Ändert sich daran nichts, kann der Pflegedienst Häusliche Betreuung nicht mehr erbringen und abrechnen. Falls der Pflegedienst nicht so reagieren würde, wäre er gegenüber der Pflegekasse in der Verantwortung und könnte eventuell seine Zulassung verlieren.

Ein weiteres Problem wird sich in der Praxis bei der Abgrenzung der Leistungen voneinander ergeben: Die Leistung Häusliche Betreuung wird vermutlich preislich günstiger sein als die Leistung Grundpflege. So werden sicher schnell Ideen laut wie: „Mein Vater benötigt beim Waschen gar keine Leistung, er macht das ja eigentlich allein. Er benötigt nur Häusliche Betreuung." Hier hat der Gesetzgeber allerdings sehr klare Grenzen formuliert: Jede Art von Hilfe bei der Grundpflege oder Hauswirtschaft (also auch Anleitung oder Beaufsichtigung) zählt immer zur Grundpflege oder zur Hauswirtschaft. Es kann also beispielsweise keine Häusliche Betreuung beim Waschen geben.

Und eine weitere Klarstellung ist wichtig: Die Sachleistung Häusliche Betreuung kann von allen Pflegebedürftigen in Anspruch genommen werden. Sie ist nicht zu verwechseln mit der Zusätzlichen Betreuung nach § 45b, die nur (und weiterhin) für alle Versicherten mit erheblich eingeschränkter Alltagskompetenz zur Verfügung steht. Die Zusätzliche Betreuungsleistung ist inhaltlich sehr nah an der Häuslichen Betreuung, sie kann aber auch außerhalb des Haushalts (beispielsweise in der Tagespflege) eingesetzt werden (mehr dazu in Kapitel 5 unter „Was sind Zusätzliche Betreuungsleistungen?").

Gemeinsamer Leistungsbezug: das „Poolen" von Leistungen

Mit der Pflegeversicherungsreform 2008 wurde eine neue Möglichkeit eingeführt, Pflegesachleistungen zeitlich und inhaltlich zusammenzufassen, wenn mehrere Pflegebedürftige diese zeitgleich in Anspruch nehmen. Dabei handelt es sich um das sogenannte Poolen. Das geht natürlich nur, wenn die Pflegebedürftigen räumlich zusammen wohnen, sei es in der gleichen Wohnung als Ehepaar oder in Wohngemeinschaften oder im gleichen Haus oder Hausblock. Die Poolleistung ist im Grunde genommen ein Stundensatz, der ebenfalls mit den Pflegekassen vereinbart wird.

Die Poolleistung kann theoretisch auch für andere Leistungen außerhalb der gesetzlich festgelegten Verrichtungen genutzt werden, beispielsweise für Betreuungsleistungen. Voraussetzung ist jedoch, dass immer Grundpflege und Hauswirtschaft sichergestellt sein muss. Wenn das Poolen durchgeführt werden soll, müssen alle an der Gemeinschaftsleistung teilnehmenden Pflegebedürftigen zustimmen und einen gemeinsamen Vertrag mit dem Pflegedienst schließen.

Beispiel

In einer Wohngemeinschaft leben sechs Pflegebedürftige zusammen. Sie können gemeinsam einen Pflegedienst beauftragen, beispielsweise das Einkaufen und das Kochen/Zubereiten der Mahlzeiten über die Poolleistung abzurechnen, statt wie bisher über einzelne Leistungskomplexe.

Ob der Bezug von Poolleistungen im Einzelfall möglich und sinnvoll ist, muss jeder für sich abwägen. Theoretisch könnten im Rahmen einer Wohngemeinschaft alle Sachleistungen zusammengelegt und die Mitarbeiter des Pflegedienstes somit stundenweise beschäftigt werden. In der Zeit könnte der Mitarbeiter dann alle notwendigen und gewünschten Leistungen der Grundpflege und Hauswirtschaft, aber – falls Zeit bleibt – auch der Betreuung erbringen. Allerdings ist zu bedenken, dass dann der bisher individuell klar definierte Leistungsanspruch des Einzelnen, zum Beispiel für das Baden, eventuell in den Hintergrund treten kann.

Beispiel

Die fünf Bewohner der Wohngemeinschaft haben ihre kompletten Sachleistungen gepoolt. Mit diesem Geld finanzieren sie pauschal die Anwesenheit eines Pflegedienstmitarbeiters am Vormittag für 5 Stunden. In dieser Zeit sollen alle Bewohner grundpflegerisch versorgt und die Mahlzeiten zubereitet werden. Wegen der akuten Krankheit eines Bewohners ist an einem Tag seine Pflege und Versorgung besonders zeitaufwendig. Da der Mitarbeiter aber immer nur 5 Stunden Zeit hat, schafft er es an diesem Tag nicht, alle anderen Bewohner wunschgemäß zu versorgen. Hätten die Bewohner jeweils einzelne Leistungen über die Leistungskomplexe „bestellt", wären sie alle dementsprechend versorgt worden. Der Mitarbeiter wäre dann länger geblieben, weil er ja nach Leistung und nicht nach Zeit bezahlt worden wäre.

Gemeinsam sollten die Bewohner überlegen, ob durch die Poolleistungen eine bessere und sicherere Versorgung gewährleistet ist oder nicht. In jedem Fall zählen Leistungen wie das gemeinsame Essen (Hilfe wie Beaufsichtigung/Anleitung bei der Nahrungsaufnahme), Essenkochen oder Zubereiten sowie das Einkaufen zu den Leistungen, die gut zu „poolen" sind. Bei allen Grundpflegeleistungen wiederum will das im Einzelfall gut überlegt sein.

Ob sich, wie der Gesetzgeber hofft, tatsächlich so viele Synergieeffekte ergeben, dass mit den Sachleistungen auch die Betreuung finanziert werden kann, ist zu bezweifeln. Die Sachleistungsbeträge reichen normalerweise nur für maximal etwa die Hälfte der notwendigen Leistungen aus.

Wenn Poolleistungen erbracht werden sollen, muss vertraglich geregelt sein, was passiert, wenn einer der Bewohner nicht anwesend ist, zum Beispiel wegen Urlaub oder eines Krankenhausaufenthalts. Dann steht ja praktisch weniger Geld für die Versorgung zur Verfügung, denn anders als bei der Pflege im Heim zahlt die Pflegekasse bei der Versorgung zu Hause keine Ausfall-gelder. Wie wird die Versorgungszeit dann gekürzt?

Unser Rat für Wohngemeinschaften: Da sich Leistungen der Begleitung und Betreuung immer mit Leistungen für die Grundpflege abwechseln, ist zu prüfen, ob nicht die Grundpflege weiterhin allein über Leistungskomplexe der Pflegeversicherung abgerechnet werden sollte. Die darüber hinausgehende benötigte Arbeitszeit kann dann über Stundensätze beglichen werden, die in jedem Fall privat zu zahlen sind. Allerdings gibt es für diese Leistungen ab 2013 einen pauschalen Zuschuss (siehe Kapitel 5 unter „Neue Leistungen in ambulanten Wohngemeinschaften") als neue Leistung für Wohngemeinschaf-ten. In diesem Fall würde keine Poolleistung der Pflegeversicherung vorliegen, sondern eine privat zu vereinbarende (Pool-)Leistung zwischen den Mitglie-dern der Wohngemeinschaft und dem Pflegedienst.

Besondere Zuschläge und Investitionskosten

In einigen Fällen kann der Pflegedienst über die Vergütung für die einzelnen Leistungen hinaus einen besonderen Zuschlag auf den Preis mit den Pflege-kassen vereinbart haben.

Ausbildungsvergütung (§ 82a SGB XI)

Früher waren manche Pflegedienste gezwungen, Ausbildungskosten ihrer Schü-ler über einen höheren Leistungspreis weiter zu berechnen. Da inzwischen in fast allen Bundesländern die Ausbildungsvergütung verändert worden ist, wird diese nun in der Regel auf alle Pflegeeinrichtungen gleichmäßig umgelegt, sodass keine Pflegeeinrichtung nur deshalb teurer ist, weil sie ausbildet. Das war in der Vergangenheit so und eigentlich ungerecht. Denn wer ausbildet, sollte nicht durch höhere Preise bestraft werden.

Ehrenamtliche Unterstützung (§ 82b SGB XI)

Teilweise arbeiten Pflegedienste eng mit Ehrenamtlichen und/oder Selbsthilfegruppen zusammen. Die Pflegedienste schulen diese Helfer, organisieren Einsätze und übernehmen zum Beispiel Fahrtkosten oder andere Ausgaben. Für die Pflegekunden, die von Ehrenamtlichen betreut werden, ist die Leistung meist kostenfrei. Pflegedienste, die systematisch Ehrenamtliche in ihr Betreuungsangebot (außerhalb der normalen Leistungen der Grundpflege) einbinden, können die dadurch entstehenden Steuerungskosten über einen Zuschlag refinanzieren. Für Sie als Pflegekunde wäre ein solcher Pflegedienst zwar etwas teurer, er kann aber auch mehr Betreuung und damit mehr Zeit für die Pflegekunden aufbringen als andere Pflegedienste. Allerdings ist nicht festgelegt, welche Pflegebedürftigen diese ehrenamtlichen Leistungen bekommen.

Investitionskosten

Bei der Abrechnung der ambulanten Sachleistungen gibt es eine Besonderheit zu beachten, die jedoch nur in einigen Bundesländern zum Tragen kommt. Wie auch bei der stationären Pflege werden die sogenannten Investitionskosten der Pflegedienste nicht von der Pflegekasse finanziert. Unter ambulanten Investitionskosten versteht das Pflegeversicherungsgesetz Ausgaben für Autos, Büros und Büroausstattung (Möbel, Computer).

Die Investitionskosten der ambulanten Pflegedienste sollen laut Gesetz von den Bundesländern finanziert werden, weil sie durch die Einführung der Pflegeversicherung Ausgaben in der Sozialhilfe einsparen (§ 9 SGB XI). Wenn jedoch die Länder diese Kosten nicht oder nur teilweise übernehmen, müssen die Pflegedienste ihre Investitionen selbst bezahlen (§ 82 SGB XI). Unter diesen Umständen sind sie gezwungen, ihre Preise zu erhöhen, was auch zulasten der Pflegekunden geht.

Je nach Bundesland gibt es eine unterschiedliche Förderpolitik: Während zum Beispiel in Nordrhein-Westfalen die Pflegedienste nichts weiterberechnen müssen, weil das Land die Investitionskosten übernimmt, müssen zum Beispiel Pflegebedürftige in Baden-Württemberg diesen Aufwand mittragen. Die Pflegedienste und die Pflegekassen informieren Sie darüber, wie die Situation in Ihrem Bundesland ist.

Sach- und Geldleistungen gleichzeitig: die Kombinationsleistung

Das Pflegegeld und die Pflegesachleistungen können auch kombiniert werden. Oftmals entlasten bestimmte Hilfen durch Pflegedienste an einzelnen Wochentagen bei besonders schwierigen Tätigkeiten, zum Beispiel beim Baden, eine Pflegeperson derartig, dass sie die anderen notwendigen Leistungen weiterhin selbst erbringen kann.

Der Gesetzgeber hat für die Kombinationsleistung eine bestimmte Art der Verrechnung vorgesehen: Die Ausgangsbasis ist dabei, dass der Pflegeldanspruch, der zu 100 Prozent besteht, je nach prozentualem Anteil der Sachleistungen anteilsmäßig gekürzt wird. Die Höhe des Pflegegeldanspruchs ist im Gesetzestext immer mit konkreten Beträgen festgelegt, während der Sachleistungsanspruch mit „bis zu xxx Euro" angegeben wird.

Herr Kracht ist in Pflegestufe 2 und vereinbart mit dem Pflegedienst zweimal pro Woche ein Vollbad. Der Pflegedienst stellt dafür pro Monat 220 Euro in Rechnung.

- Insgesamt wären 1.100 Euro Sachleistungen möglich. 220 Euro der Pflegestufe 2 machen dann einen Prozentsatz von circa 20 Prozent der Sachleistung aus.
- Im nächsten Schritt werden diese 20 Prozent von den 100 Prozent Pflegegeld abgezogen. Übrig bleiben 80 Prozent Pflegegeld, was einem Betrag von 352 Euro entspricht (siehe folgende Tabelle für die Pflegestufe 2).

Eine schnelle Übersicht über die möglichen Pflegegeldbeträge pro Monat bieten Ihnen die nachfolgenden Umrechnungstabellen. Zu beachten ist, dass – wie schon bei den Geld- und Sachleistungen – die Versicherten beziehungsweise Pflegebedürftigen mit erheblich eingeschränkter Alltagskompetenz andere Kombileistungsbeträge haben. Deshalb finden Sie an dieser Stelle entsprechende Tabellen getrennt nach den beiden Gruppen.

Pflegebedürftige ohne eingeschränkte Alltagskompetenz

Sachleistung		Pflegestufe 1	Pflegegeld	
In €	In %		In %	In €
450,00	100	‹ == ›	0	0,00
405,00	90	‹ == ›	10	23,50
360,00	80	‹ == ›	20	47,00
315,00	70	‹ == ›	30	70,50
270,00	60	‹ == ›	40	94,00
225,00	50	‹ == ›	50	117,50
180,00	40	‹ == ›	60	141,00
135,00	30	‹ == ›	70	164,50
90,00	20	‹ == ›	80	188,00
45,00	10	‹ == ›	90	211,50
0,00	0	‹ == ›	100	235,00
Stand: ab 1.1.2013				

Sachleistung		Pflegestufe 2	Pflegegeld	
In €	In %		In %	In €
1.100,00	100	‹ == ›	0	0,00
990,00	90	‹ == ›	10	44,00
880,00	80	‹ == ›	20	88,00
770,00	70	‹ == ›	30	132,00
660,00	60	‹ == ›	40	176,00
550,00	50	‹ == ›	50	220,00
440,00	40	‹ == ›	60	264,00
330,00	30	‹ == ›	70	308,00
220,00	20	‹ == ›	80	352,00
110,00	10	‹ == ›	90	396,00
0,00	0	‹ == ›	100	440,00
Stand: ab 1.1.2013				

Sachleistung		Pflegestufe 3	Pflegegeld	
In €	In %		In %	In €
1.550,00	100	‹ == ›	0	0,00
1.395,00	90	‹ == ›	10	70,00
1.240,00	80	‹ == ›	20	140,00
1.085,00	70	‹ == ›	30	210,00
930,00	60	‹ == ›	40	280,00
775,00	50	‹ == ›	50	350,00
620,00	40	‹ == ›	60	420,00
465,00	30	‹ == ›	70	490,00
310,00	20	‹ == ›	80	560,00
155,00	10	‹ == ›	90	630,00
0,00	0	‹ == ›	100	700,00
Stand: ab 1.1.2013				

Pflegebedürftige mit erheblich eingeschränkter Alltagskompetenz

Sachleistung		Pflegestufe 0	Pflegegeld	
In €	In %		In %	In €
225,00	100	‹ == ›	0	0,00
202,50	90	‹ == ›	10	12,00
180,00	80	‹ == ›	20	24,00
157,50	70	‹ == ›	30	36,00
135,00	60	‹ == ›	40	48,00
112,50	50	‹ == ›	50	60,00
90,00	40	‹ == ›	60	72,00
67,50	30	‹ == ›	70	84,00
45,00	20	‹ == ›	80	96,00
22,50	10	‹ == ›	90	108,00
0,00	0	‹ == ›	100	120,00
Stand: ab 1.1.2013				

Sachleistung		Pflegestufe 1	Pflegegeld	
in €	in %		in %	in €
665,00	100	‹ == ›	0	0,00
598,50	90	‹ == ›	10	30,50
532,00	80	‹ == ›	20	61,00
465,50	70	‹ == ›	30	91,50
399,00	60	‹ == ›	40	122,00
332,50	50	‹ == ›	50	152,50
266,00	40	‹ == ›	60	183,00
199,50	30	‹ == ›	70	213,50
133,00	20	‹ == ›	80	244,00
66,50	10	‹ == ›	90	274,50
0,00	0	‹ == ›	100	305,00
Stand: ab 1.1.2013				

Sachleistung		Pflegestufe 2	Pflegegeld	
In €	In %		In %	In €
1.250,00	100	‹ == ›	0	0,00
1.125,00	90	‹ == ›	10	52,50
1.000,00	80	‹ == ›	20	105,00
875,00	70	‹ == ›	30	157,50
750,00	60	‹ == ›	40	210,00
625,00	50	‹ == ›	50	262,50
500,00	40	‹ == ›	60	315,00
375,00	30	‹ == ›	70	367,50
250,00	20	‹ == ›	80	420,00
125,00	10	‹ == ›	90	472,50
0,00	0	‹ == ›	100	525,00
Stand: ab 1.1.2013				

Sachleistung		Pflegestufe 3	Pflegegeld	
In €	In %		In %	In €
1.550,00	100	‹ == ›	0	0,00
1.395,00	90	‹ == ›	10	70,00
1.240,00	80	‹ == ›	20	140,00
1.085,00	70	‹ == ›	30	210,00
930,00	60	‹ == ›	40	280,00
775,00	50	‹ == ›	50	350,00
620,00	40	‹ == ›	60	420,00

465,00	30	< == >	70	490,00
310,00	20	< == >	80	560,00
155,00	10	< == >	90	630,00
0,00	0	< == >	100	700,00
Stand: ab 1.1.2013				

Sie können die Kombinationsleistung auch mit festen Prozentsätzen planen und entsprechend bei der Pflegekasse beantragen. Dazu legen Sie im Antrag auf Pflegeleistungen beispielsweise fest, dass Sie immer 50 Prozent Pflegegeld und 50 Prozent Sachleistungen ausgezahlt bekommen wollen. An eine solche Festlegung sind Sie für 6 Monate gebunden, es sei denn, die Pflegesituation verändert sich. Ein solches Vorgehen wäre dann sinnvoll, wenn man fest mit einer bestimmten Summe Pflegegeld rechnet, weil es beispielsweise für eine Pflegeperson benötigt wird.

Bei vielen Pflegekassen kann man auch (oder grundsätzlich nur) Sachleistungen einschließlich Kombinationsleistung beantragen, sodass immer dann anteiliges Pflegegeld von der Pflegekasse ausgezahlt wird, wenn die Sachleistung einmal nicht ausgeschöpft wurde. Der Hintergrund: Der Rechtsanspruch auf das Pflegegeld ist gesetzlich festgelegt, er wird „nur" durch den Sachleistungsbezug gemindert. Es lohnt sich, bei der zuständigen Pflegekasse nachzufragen, wie die Handhabung dort ist.

Das anteilige Pflegegeld, vor allem, wenn sich dessen Höhe monatlich ändert, kann erst von der Pflegekasse überwiesen werden, wenn der Pflegedienst seine Sachleistungen in Rechnung gestellt hat. Ohne diese Angaben kann die Pflegekasse ja nicht den Anspruch ermitteln. Wenn Sie wissen wollen, wie viel Sachleistungen aktuell in Rechnung gestellt werden, fragen Sie bei Ihrem Pflegedienst nach. Die meisten erstellen auf Nachfrage eine Kopie der Rechnung an die Pflegekasse und schicken sie Ihnen zu.

Auszeit für Pflegepersonen: die Verhinderungspflege

Die Pflegepersonen sind die tragende Säule der ambulanten Versorgung in Deutschland. Aber auch sie brauchen manchmal Urlaub oder einfach nur

Erholung. Nur wer auch einmal die Chance hat, etwas für sich selbst zu tun, kann dauerhaft oder zumindest länger die Pflege zu Hause organisieren und durchführen. Das Pflegeversicherungsgesetz bietet zur zeitweiligen Entlastung der Pflegepersonen die Leistung der sogenannten Verhinderungspflege oder Urlaubspflege. Diese sollte nicht mit der Kurzzeitpflege in einer stationären Einrichtung verwechselt werden, die die Pflegebedürftigen für eine kurze Zeit aufnehmen und versorgen kann.

Gut zu wissen

Verhinderungspflege ist für nicht professionell Pflegende

Pflegepersonen sind im Konzept der Pflegeversicherung immer nötig, selbst wenn ein ambulanter Pflegedienst die Sachleistungsbeträge voll ausschöpft. Die professionellen Pflegedienstleister sind nie verhindert, da sie vertraglich verpflichtet sind, immer ausreichend Personal zur Pflege bereitzustellen. Deshalb ist die Verhinderungspflege eine Ersatzleistung nur für die nicht professionell Pflegenden, also für die Pflegepersonen.

Die Leistung der Verhinderungspflege soll und kann genutzt werden, wenn die Pflegeperson(en) wegen Urlaub, Krankheit oder aus anderen Gründen an der Pflege gehindert ist/sind. Die üblichen Pflegesachleistungen durch einen Pflegedienst bleiben davon unberührt. Die Pflegepersonen müssen keinen Nachweis über die Art der Verhinderung erbringen oder sie begründen. Es gibt zwei Voraussetzungen, wann die Verhinderungspflege greift:

→ Die Pflegeperson muss den Pflegebedürftigen vor der erstmaligen Verhinderung mindestens 6 Monate lang gepflegt haben. Die Pflegekassen legen das in der Regel so aus, dass nicht eine Pflegeperson den Pflegebedürftigen ununterbrochen gepflegt haben muss. Vielmehr geht es darum, dass der Pflegebedürftige bereits seit 6 Monaten pflegebedürftig ist. Auch Unterbrechungszeiten der Pflege, beispielsweise durch einen Krankenhausaufenthalt, wirken sich nicht negativ aus, wenn sie weniger als 4 Wochen betragen.

→ Natürlich muss es eine Pflegeperson überhaupt erst geben, damit sie auch verhindert sein kann. Die Pflegekasse wird bei Inanspruchnahme der Verhinderungspflege prüfen, ob ihr eine Pflegeperson bekannt ist. Das ist dann der Fall, wenn diese im Einstufungsgutachten benannt oder später der Pflegekasse nachgemeldet wurde. Auch aus diesem Grund ist es sinnvoll, jede Pflegeperson der Pflegekasse gegenüber nachzumelden. Auf die Stundenzahl, die die Pflegeperson leistet, kommt es bei der Verhinderungspflege im Unterschied zur sozialen Absicherung nicht an.

Die Verhinderungspflege ersetzt die Tätigkeiten der Pflegeperson(en). Daher sind die Leistungen, die der Pflegedienst oder andere im Rahmen der Verhinderungspflege erbringen, nicht auf die Grundpflege und Hauswirtschaft im Sinne der Pflegeversicherungsdefinition begrenzt. Mit der Verhinderungspflege können beispielsweise auch Spaziergänge oder die Beaufsichtigung beim Fernsehen finanziert werden.

Beispiel

Frau Gärtner möchte am Gesprächskreis für pflegende Angehörige von Dementen teilnehmen. Sie könnte aber nicht dorthin gehen, wenn ihre Mutter in dieser Zeit unbeaufsichtigt bleiben würde. Diesen Aufwand, den dann der Pflegedienst erbringt, kann er über die Verhinderungspflege abrechnen. Einmal im Monat geht Frau Gärtner ins Theater, auch hier springt der Pflegedienst stundenweise ein.

Die Verhinderungspflege kennt laut Gesetzestext zwei Höchstgrenzen:

→ Maximal 28 Tage
→ Höchstbetrag pro Jahr von 1.550 €

Die Tagesgrenze greift nur, wenn die Verhinderungspflege tageweise genutzt wird. Werden am Tag weniger als 8 Stunden Verhinderungspflege in Anspruch genommen, spielt die Tagesgrenze keine Rolle mehr. Dann zählt allein der Höchstbetrag.

Sie wissen es ja schon, das Pflegegeld wird pro Tag gezahlt. Daher wird es um die Tage gekürzt, an denen die Verhinderungspflege in Anspruch genommen wird, zum Beispiel während eines Urlaubs. Seit 2013 erfolgt diese Kürzung nur noch zu 50 Prozent, es bleiben also 50 Prozent des Pflegegeldes als „Urlaubsgeld" erhalten. Wird die Verhinderungspflege nur stundenweise (unter 8 Stunden am Tag) abgerufen, bleibt das Pflegegeld ungekürzt bestehen.

Die Leistung der Verhinderungspflege muss nicht im Voraus beantragt werden, obwohl viele Pflegekassen dazu eigene Antragsformulare haben. Dennoch kann die Bezahlung nicht verweigert werden, nur weil die Leistung nicht vorher beantragt worden ist. Rechtlich formuliert ist die Verhinderungspflege eigentlich eine Kostenerstattungsleistung. Der Pflegebedürftige bezahlt die Rechnung und bekommt die Kosten im Rahmen der Leistungsgrenzen von der Pflegekasse erstattet. In der Regel rechnen die Pflegedienste jedoch direkt mit den Pflegekassen ab.

Voraussetzung für die Abrechnung von Verhinderungspflege ist nicht, dass die professionell Pflegenden, zum Beispiel ein Pflegedienst, einen Versorgungsvertrag mit den Pflegekassen geschlossen haben. Auch andere Dienstleister, zum Beispiel Hauswirtschaftsdienste oder Betreuungsdienste, können die Leistungen der Verhinderungspflege erbringen und die Pflegekasse erstattet die Kosten bis zum Höchstbetrag.

Die Leistung der Verhinderungspflege kann auch zur (Mit-)Finanzierung der Tagespflege oder der stationären Kurzzeitpflege genutzt werden (siehe Kapitel 5 unter „Auszeit für Pflegepersonen: die Verhinderungspflege").

Vertretung durch andere Pflegepersonen

Pflegepersonen können nicht nur durch Pflegedienste vertreten werden, sondern auch durch andere ehrenamtliche Pflegepersonen. Während für eine professionelle Vertretung der volle Jahresbetrag der Verhinderungspflege zur Verfügung steht, sieht das bei der Ersatzpflege durch andere ehrenamtliche Pflegepersonen anders aus. Bei anderen Pflegepersonen,

→ die mit dem Pflegebedürftigen bis zum zweiten Grad verwandt sind (Eltern, Kinder, Großeltern, Enkelkinder und Geschwister) oder

→ (zum zweiten Grad) verschwägert (Stiefeltern, Stiefkinder, Stiefenkelkinder (Enkelkinder des Ehegatten), Schwiegereltern, Schwiegerkinder (Schwiegertochter/-sohn), Schwiegerenkel (Ehegatten der Enkelkinder), Großeltern der Ehegatten, Stiefgroßeltern, Schwager/Schwägerin) sind oder

→ in häuslicher Gemeinschaft leben,

wird vermutet, dass die Ersatzpflege nicht erwerbsmäßig ausgeübt wird. Daraus folgt, dass die Pflegepersonen die Verhinderungspflegeleistung nur in Höhe des jeweiligen Pflegegeldes erhalten. Allerdings gibt es zusätzlich die Möglichkeit, nachweisbare Aufwendungen wie Fahrtkosten in Zusammenhang mit der Verhinderungspflege erstattet zu bekommen. Der Höchstbetrag der Verhinderungspflege darf insgesamt aber nicht überschritten werden.

Beispiel

Der pflegebedürftige Herr Neuner mit Pflegestufe 2 wohnt bei seiner Tochter. Als sie in den Urlaub fährt, übernimmt die andere Tochter, die 15 Kilometer weit weg wohnt, für diese Zeit die Pflege.
Sie erhält als Verhinderungspflege Geldleistungen in Höhe des Pflegegeldes der Pflegestufe 2 von 440 Euro sowie zusätzlich auf Nachweis die Fahrtkosten.
Die Ersatzpflege von Frau Weigelt wird von der Nachbarin übernommen. Sie bekommt dafür pro Tag 60 Euro, also für 3 Wochen (21 Tage) insgesamt 1.260 Euro vom Pflegebedürftigen. Die Pflegekasse würde diese Kosten in voller Höhe übernehmen. (Achtung! Damit ist nicht die Frage geklärt, ob die Nachbarin für diese Erwerbstätigkeit Steuern und/oder Sozialversicherungsbeiträge zahlen muss. Sie muss sich für diese Tätigkeiten in jedem Fall selbst versichern [Unfall- und Haftpflicht]).

Diese Regelung ist nachvollziehbar: Warum sollte die Tochter im ersten Beispiel für die gleiche Arbeit deutlich mehr Geld bekommen als die Hauptpflegeperson im zweiten Beispiel? Kann die Pflegeperson keine zusätzlichen Aufwendungen wie Fahrtkosten oder Verdienstausfall in Zusammenhang mit der Pflege geltend machen, lohnt es sich oft nicht, Verhinderungspflege statt Pflegegeld in Anspruch zu nehmen, da die Höhe der Leistungen identisch ist. Hinzu kommt, dass es eventuell im Lauf des Jahres noch notwendig oder hilfreich wird, wenn der Pflegebedürftige auf Verhinderungspflegeleistungen beispielsweise durch einen Pflegedienst zurückgreifen kann.

Was sind Zusätzliche Betreuungsleistungen?

Für Versicherte und/oder Pflegebedürftige mit einer erheblichen eingeschränkten Alltagskompetenz gibt es seit 2002 sogenannte Zusätzliche Betreuungsleistungen. Voraussetzung ist eine entsprechende (eigenständige) Einstufung, die im Rahmen der Begutachtung zur Pflegestufe erfolgt (Einstufung siehe Kapitel 3 unter „Wie läuft die Begutachtung des Pflegebedürftigen ab?").

Seit 1.7.2008 stehen für die Zusätzlichen Betreuungsleistungen monatlich folgende Beträge zur Verfügung: als Grundbetrag 100 Euro und 200 Euro als erhöhter Betrag. Die Höhe der Leistung ergibt sich aus der entsprechenden Einstufung. Der Gesetzgeber hat die Leistungen absichtlich vom bisherigen Jahresbetrag (in Höhe von 460 Euro) auf Monatsbeträge umgestellt, weil er eine kontinuierliche und regelmäßige Entlastung für sinnvoller hält als eine einmalige Unterstützung beispielsweise während des Urlaubs. Hierfür kann die Verhinderungspflege genutzt werden. Wird der Betrag in einem Kalenderjahr nicht ausgeschöpft, lässt sich dieser Überschuss weiterhin ins folgende Kalenderhalbjahr übertragen und es können zusätzlich zu den monatlichen Beträgen damit weitere Leistungen abgerechnet werden.

Die Zusätzliche Betreuungsleistung wird (wie bisher) nur auf Basis der Kostenerstattung finanziert, das heißt praktisch: Der Pflegebedürftige bekommt vom Anbieter, zum Beispiel vom Pflegedienst, die Leistungen in Rechnung gestellt, bezahlt sie selbst und bekommt gegen Vorlage der Rechnung/ Quittung anschließend das Geld von der Pflegekasse erstattet. Daher ist es wichtig, alle entsprechenden Unterlagen aufzuheben, um sie dann bei der Pflegekasse einreichen zu können. Folgende Leistungsbereiche können finanziert werden:

→ Tages- oder Nachtpflege sowie Kurzzeitpflege (teilstationäre Pflege): Diese Leistungen stehen zudem als Regelleistungen zur Verfügung, das Budget der Zusätzlichen Betreuungsleistung darf jedoch hierfür genutzt werden. Mit dem monatlichen Budget können alle anfallenden Kosten der teilstationären Pflege finanziert werden, auch die für Unterkunft, Ernährung, Fahrtkosten sowie Investitionen, die sonst nicht von der Pflegekasse übernommen werden.

→ Leistungen zugelassener Pflegedienste, sofern es sich um besondere Angebote der allgemeinen Anleitung und Betreuung und nicht um Leistungen der Grundpflege und hauswirtschaftlichen Versorgung handelt. Diese zusätzlichen Leistungen sollen gezielt für Betreuungs- und Beaufsichtigungsleistungen genutzt werden, Pflegedienste müssen besondere Angebote hierzu machen. Pflegedienste bieten als Betreuungsleistungen zum Beispiel Einzelbetreuung, aber auch Kleingruppenangebote an, die dann jeweils durch entsprechend qualifiziertes Personal durchgeführt werden.

→ So genannte niedrigschwellige Betreuungsangebote, die nach Landesrecht über § 45c gefördert werden oder förderungsfähig sind. Dies sind oft ehrenamtlich geleitete Angebote der Gruppenbetreuung, spezielle Gesprächsgruppen und ähnliche Angebote. Im Unterschied zu den Leistungen durch die Pflegedienste übernehmen hier Freiwillige beziehungsweise Ehrenamtliche die Betreuung.

Eine Liste der Pflegedienste mit Zusätzlichen Betreuungsleistungen sowie der niedrigschwelligen Betreuungsangebote können Sie über die zuständige Pflegekasse oder die örtlichen Beratungsstellen beziehen. Auch im Bescheid über die Pflegestufe sollten Sie hierzu Hinweise finden.

Was ist unter „Pflegehilfsmittel" und „wohnumfeldverbessernde Maßnahmen" zu verstehen?

Nicht nur die Krankenversicherung, sondern auch die Pflegeversicherung bietet Pflegehilfsmittel, technische Pflegehilfsmittel und Unterstützung bei wohnumfeldverbessernden Maßnahmen an, um die häusliche Versorgungssituation umzugestalten. Es gibt drei verschiedene Begründungen, warum Pflegehilfsmittel der Pflegeversicherung in Anspruch genommen werden können. Sie sollen helfen,

→ die Pflege zu erleichtern, beispielsweise durch den Einbau eines Wannenlifts, sodass die Pflegeperson den Pflegebedürftigen überhaupt wieder baden kann.

→ Beschwerden des Pflegebedürftigen zu lindern, beispielsweise durch Lagerungshilfen für Bettlägerige, die dadurch mit weniger Schmerzen oder sogar schmerzlos liegen können.

→ dem Pflegebedürftigen eine selbständigere Lebensführung zu ermöglichen, beispielsweise durch einen Rollator, mit dem sich der Pflegebedürftige wieder eigenständig bewegen kann.

Die Pflegehilfsmittel können also sowohl dem Pflegebedürftigen als auch der Pflegeperson (und damit indirekt dem Pflegebedürftigen) nutzen. Es gibt drei verschiedene Kategorien von Pflegehilfsmitteln/Maßnahmen.

→ Pflegeverbrauchsmittel: Dabei handelt es sich zum Beispiel um Einmalhandschuhe, Einmalunterlagen und Desinfektionsmittel. Diese werden nach Aufwand (über Quittungen nachzuweisen) bis zur Höhe von maximal 31 Euro pro Monat übernommen. Übersteigen die Kosten regelmäßig den Höchstbetrag, wird dieser in der Regel dauerhaft monatlich ohne weiteren Nachweis von der Pflegekasse überwiesen. Zu den Pflegeverbrauchsmitteln gehören jedoch nicht Inkontinenzhilfen wie Windelhosen oder Pants, sie sind Hilfsmittel der Krankenversicherung und von ihr bereitzustellen.

→ Technische Pflegehilfsmittel: Damit werden meist langlebige Pflegehilfsmittel bezeichnet, zum Beispiel Rollatoren, Pflegebetten oder Hausnotrufgeräte. Sie werden in der Regel leihweise zur Verfügung gestellt, das heißt, sie bleiben Eigentum des Verleihers. Der sorgt auch dafür, dass das Pflegehilfsmittel in einem technisch einwandfreien Zustand ist und entsprechend ausgeliefert wird. Zudem ist er für eventuell notwendige Anpassungen, die Schulung und Einweisung sowie bei Bedarf für Wartung und Reparatur zuständig. Grundsätzlich sind für technische Pflegehilfsmittel Zuzahlungen zu leisten, die zehn Prozent der Kosten, aber maximal 25 Euro pro Hilfsmittel ausmachen. Die bereits für die Krankenversicherung geleisteten Zuzahlungen werden berücksichtigt, für beide Versicherungszweige zusammen fällt ein gemeinsamer Höchstbetrag als Zuzahlung an. Für Kosten, die darüber hinausgehen, ist der Versicherte von der Zuzahlung befreit. Informieren Sie sich bei den Kranken- und Pflegekassen über die grundsätzlichen Zuzahlungs- und Befreiungsregelungen. Werden die Pflegehilfsmittel leihweise überlassen, wird keine Zuzahlung fällig. Wenn ein Versicherter die leihweise Überlassung ohne zwingenden Grund ablehnt, zum Beispiel weil ihm das Pflegehilfsmittel einfach nicht gefällt, muss er das Hilfsmittel komplett allein bezahlen.

→ Maßnahmen zur Verbesserung des Wohnumfelds sind zum Beispiel der Umbau des Bades, der Einbau eines Treppenlifts oder der Umzug in eine barrierefreie Wohnung. Solche Maßnahmen werden je nach Umfang und Aufwand mit bis zu 2.557 Euro bezuschusst. Lassen Sie sich direkt von der Pflegekasse beraten, bevor Sie einen Umbau in die Wege leiten. Hier erfahren Sie auch mehr über Wohnraumberatungsstellen in Ihrer Nähe.

Pflegehilfsmittel und Zuschüsse zu wohnumfeldverbessernden Maßnahmen müssen beantragt werden. Im Rahmen der Pflegeversicherung ist – anders als bei der gesetzlichen Krankenversicherung – keine ärztliche Bescheinigung oder Verordnung für die Pflegehilfsmittel notwendig. Die Pflegefachkräfte eines Pflegediensts oder des MDK können die Notwendigkeit eines Hilfsmittels dokumentieren, beispielsweise im Rahmen der Einstufungsbegutachtung oder eines Beratungsbesuchs, wenn der Pflegebedürftige Pflegegeld bezieht. Eine solche Empfehlung reicht der Pflegekasse in der Regel als Nachweis der Notwendigkeit aus.

Problematisch ist in der Praxis oft die Frage, in wessen Zuständigkeitsbereich ein Hilfsmittel gehört: in den der Krankenversicherung oder der Pflegeversicherung? Für die Versicherten hat dies eigentlich keine Auswirkungen, die Pflegekassenmitarbeiter klären das intern. Es kann aber sein, dass die Pflegekasse zusätzlich ein ärztliches Attest fordert, um vorsorglich die Vorbedingung für beide Versicherungsbereiche zu erfüllen.

Die Pflegehilfsmittel, die sich zur Versorgung eignen, sind in der Regel in sogenannten Hilfsmittelverzeichnissen aufgelistet. Die Pflegeversicherung hat ein eigenes Pflegehilfsmittelverzeichnis (nach § 78 SGB XI), das allerdings nur das Hilfsmittelverzeichnis der Krankenversicherung ergänzt. Der Anspruch auf ein Pflegehilfsmittel ist aber nicht deshalb ausgeschlossen, weil es nicht in diesen Listen steht, zum Beispiel wenn ein neues Produkt empfohlen wird. Die Pflegekasse beziehungsweise die Krankenkasse hat in jedem Einzelfall zu prüfen, ob das Pflegehilfsmittel den oben beschriebenen Anforderungen genügt. Ausgeschlossen sind normalerweise Gebrauchsgegenstände des täglichen Lebens, zum Beispiel ein verlängerter Schuhanzieher oder ein Dosenöffner.

Neue Leistungen in ambulanten Wohngemeinschaften

Ambulante Wohngemeinschaften wurden bisher durch die Pflegeversicherung nicht besonders gefördert. Man kann dort ganz normal die gleichen Leistungen wie in der eigenen Wohnung erhalten, denn man wohnt ja nicht in einem Pflegeheim. Lediglich über das Poolen von Sachleistungen (siehe Kapitel 5 unter „Unterstützung durch Pflegedienste: die Pflegesachleistungen") sind Besonderheiten in Wohngemeinschaften schon berücksichtigt worden. Ab 2013 gibt es für ambulante Wohngemeinschaften neue Leistungen sowie auch eine Anschubfinanzierung bei der Gründung neuer Wohngemeinschaften.

Zusätzliche Leistungen für Pflegebedürftige in ambulant betreuten Wohngruppen

Pflegebedürftige in ambulant betreuten Wohngruppen erhalten zusätzliche Leistungen in Höhe von 200 Euro monatlich für die Finanzierung von sogenannten Präsenzkräften. Diese Pflegekräfte erbringen für alle Pflegebedürftigen gemeinsam Leistungen, zum Beispiel das Reinigen von Gemeinschaftsräumen, die Speisenversorgung, die Beaufsichtigung oder Nachtpräsenz, aber auch Verwaltungs- und organisatorische Tätigkeiten. Diese Leistungen werden im Regelfall auf alle Bewohner einer Wohngruppe gleichmäßig aufgeteilt und privat finanziert. Dafür kann nun der Zuschuss von 200 Euro pro Monat verwendet werden. Er wird vermutlich als zweckgebundene Geldleistung dem Pflegebedürftigen direkt zur Verfügung gestellt. Bewohner einer Wohngemeinschaft müssen diese Leistung bei der Pflegekasse beantragen und dabei nachweisen, dass die Wohngemeinschaft nach landesrechtlichen Regelungen als solche anerkannt ist. Versicherte ohne Pflegestufe können diese Leistung nicht erhalten.

Anschubfinanzierung zur Gründung von ambulant betreuten Wohngruppen

Mit einer zeitlich befristeten Anschubfinanzierung will der Gesetzgeber die Gründung neuer Wohngemeinschaften fördern. Dazu steht pro pflegebedürftigen Bewohner ein Betrag bis zu 2.500 Euro, pro Wohngemeinschaft jedoch maximal 10.000 Euro zur Verfügung. Das Geld ist für die altersgerechte oder barrierearme Umgestaltung der gemeinsamen Wohnung einzusetzen.

Neben der Anschubfinanzierung besteht für Wohngemeinschaften die Möglichkeit, Zuschüsse für die Wohnraumanpassung nach § 40 zu erhalten. Diese sind pro Wohngemeinschaft jedoch auf maximal 10.000 Euro beschränkt (siehe Kapitel 4 unter „Was ist unter ‚Pflegehilfsmittel‘ und ‚wohnumfeldverbessernden Maßnahmen‘ zu verstehen?").

• •

Beispiel

Durch den Kegelklub kennen sie sich schon seit Jahrzehnten, inzwischen sind die fünf befreundeten Mitglieder nach und nach pflegebedürftig geworden. Sie beschließen nun, sich gemeinsam eine große Wohnung zu suchen und eine ambulante Wohngemeinschaft zu gründen, damit sie später nicht in ein Pflegeheim müssen. Zusammen mit ihren Angehörigen finden sie eine große Altbauwohnung, die jedoch noch umgebaut werden muss: Im Bad fehlt eine große Dusche, auch die Türschwellen müssen entfernt werden. Als Anschubfinanzierung erhalten sie hierfür einen Zuschuss von 10.000 Euro. Da die Wohnung nur über zwei Stufen zu erreichen ist, wird im Eingangsbereich noch eine kleine Rampe benötigt, damit die Wohnung auch mit einem Rollator erreichbar ist. Dafür nutzen die Pflegebedürftigen zusätzlich die Zuschüsse zur Wohnraumanpassung nach § 40.

Kapitel 6

Stationäre Versorgung – Angebote außerhalb der eigenen Wohnung

Alle Leistungen, die die Pflegeversicherung außerhalb der eigenen Wohnung finanziert, sind hier zusammenfassend dargestellt. Diese reichen von der Tagespflege über die Kurzzeitpflege bis hin zum Pflegeheim.

Neben der Unterstützung zur Pflege in der Wohnung des Pflegebedürftigen bietet die Pflegeversicherung weitere Leistungen an, die von der Struktur her zur stationären Versorgung zählen:

→ Tages- und Nachtpflege (§ 41 SGB XI)
→ Kurzzeitpflege (§ 42 SGB XI)
→ Vollstationäre Pflege (§ 43 SGB XI)
→ Vollstationäre Pflege der Hilfe für behinderte Menschen (§ 43a SGB XI)

Obwohl sie stationäre Einrichtungen sind und so finanziert werden, gehören die Tages- und Nachtpflege sowie die Kurzzeitpflege zur ambulanten Pflege, da sie den Pflegebedürftigen nur zeitweise aufnehmen. Diese Leistungen dienen dazu, die häusliche Versorgung möglichst lang aufrechterhalten zu können.

Wie ist die Finanzierung geregelt?

Anders als bei den ambulanten Pflegeleistungen sind für die stationäre Pflege eigenständige Gebäude notwendig, die ebenso wie die Versorgung der Pflegebedürftigen finanziert werden müssen. Deshalb sieht die Finanzierung für stationäre Pflege auch anders aus als die für die Pflege zu Hause. Zu Hause haben sich die Versicherten selbst um die Größe, Einrichtung und Kosten ihrer Wohnung und ihre sonstige Versorgung wie Essen und Trinken zu kümmern.

Wenn es um die stationäre Versorgung geht, regelt das Pflegeversicherungsgesetz die komplette Finanzierungsstruktur. Die Pflegeversicherung selbst finanziert aber nur Teilbereiche davon mit Zuschüssen. Die Kosten der stationären Pflege sind in vier Kostengruppen unterteilt.

→ Pflegesatz: Mit diesem Betrag werden die notwendigen Pflegeleistungen aus den Bereichen der Grundpflege (Körperpflege, Ernährung und Mobilität), Behandlungspflege und sozialen Betreuung finanziert.
→ Hotelkosten: Darunter fallen die Kosten für die Unterkunft, unter anderem Verbrauchskosten für das Heizen oder Aufwendungen für Hausmeister

und Reinigung. Hinzu kommen Ausgaben für die Verpflegung (Material-
kosten für und die Zubereitung von Speisen und Getränken).

→ Investitionskosten: Sie umfassen im Wesentlichen die Kosten, die bei Miet-
wohnungen als „Kaltmiete" bezeichnet werden, also die reinen Mietkosten
ohne Mietnebenkosten.

→ Zusatzleistungen: Darunter fallen zum Beispiel Aufwendungen fürs Tele-
fon.

Der Pflegesatz wird nach Pflegestufen differenziert, die anderen Zuschüsse
sind für alle Pflegestufen gleich. Die Gesamtkosten umfassen die Versorgung
je nach Pflegestufe sowie die „Vollpension" in der stationären Einrichtung.
Nur der persönliche Bedarf, zum Beispiel Toilettenartikel, wird nicht finanziert.

Die Pflegeversicherung bezuschusst den eigentlichen Pflegesatz, dieser Betrag deckt in der Regel jedoch nicht die gesamten Pflegekosten eines Monats
ab. Die restlichen Pflege- und alle sonstigen Kosten muss der Pflegebedürftige
privat tragen oder sie werden, wenn die Anspruchsvoraussetzungen vorliegen,
von der Sozialhilfe finanziert.

Je nach Bundesland werden die Investitionskosten teilweise durch Landes-
zuschüsse finanziert, sodass der verbleibende Eigenanteil für die Pflegebedürftigen geringer ist. Teilweise können die Investitionskosten auch über das sogenannte Pflegewohngeld finanziert werden, wenn die nötigen persönlichen
Voraussetzungen vorliegen. Das hängt ebenfalls von den jeweils im Bundesland
vorhandenen Förderstrukturen ab. Was für Ihren Fall gilt, sagen Ihnen die
einzelnen Pflegeheime oder die Pflegeberatung.

Beispiel für die Zusammensetzung der Gesamtkosten in einem Pflegeheim (in der Tages-/Nachtpflege oder in der Kurzzeitpflege vergleichbar strukturiert)		
Beispiel für Pflegestufe 2 (alle Angaben in €)	pro Tag	pro Monat (30 Tage)
Pflegesatz	52,25	1.567,50
Hotelkosten	21,56	646,80
Investitionskosten	11,90	357,00
Zusatzkosten	1,25	37,50
gesamt	*86,96*	*2.608,80*
abzüglich Zuschuss Pflegekasse zum Pflegesatz		1.279,00
privat zu finanzieren gesamt		*1.329,80*

Ob eine stationäre Versorgung „billig" oder „teuer" ist, hängt sehr stark von der eigenen Betrachtungsweise ab. Wenn Sie einmal die Hotel- und Investitionskosten in einem Pflegeheim mit denen in einem Hotel vergleichen, werden Sie feststellen, dass in vielen Fällen die Unterbringung im Hotel mehr kostet, dort aber nicht mehr geboten wird. Auch werden die kompletten Kosten, also auch die Hotelkosten, mit den Pflegekassen ausgehandelt, sodass die Pflegeheime immer nur die tatsächlich notwendigen Aufwendungen in Rechnung stellen dürfen.

Tages- und Nachtpflege: zeitweise Entlastung

Die Strukturen und die Funktionen der Tagespflege lassen sich vielleicht am ehesten mit denen des Kindergartenangebots vergleichen: In beiden Einrichtungen werden Menschen versorgt und entsprechend ihren Fähigkeiten pädagogisch oder therapeutisch gefördert. Zudem geht es darum, mit ihnen gemeinsam den Tag angenehm zu gestalten. Beide Betreuungsangebote ergänzen das Leben zu Hause und verschaffen den betreuenden Personen (Eltern oder Pflegepersonen) frei nutzbare Zeit.

→ Die Tagespflege bietet in der Regel wochentags eine Betreuung an, viele Einrichtungen haben momentan in der Zeit von 8:00 Uhr bis 16:00 Uhr geöffnet.

→ Einrichtungen für die Nachtpflege bieten die Unterbringung während der Nacht an, beispielsweise wenn Pflegebedürftige nachts sehr aktiv sind und nicht zur Ruhe kommen. Damit Angehörige die Möglichkeit haben, selbst gut durchschlafen zu können und sich zu erholen, sind Nachtpflegeeinrichtungen eine sinnvolle Alternative.

Der Transport zwischen dem Zuhause des Pflegebedürftigen und der Tages-/Nachtpflegeeinrichtung wird oftmals mit über die Anbieter organisiert.

Die Tagespflege wird stationär finanziert, das heißt, mit einem Pflegesatz für die allgemeinen Pflegeleistungen, Behandlungspflege und soziale Betreuung sowie mit Pauschalen für die Hotelkosten und die Investitionskosten.

		Erheblich eingeschränkte Alltagskompetenz
	Bis zu ... €	Bis zu ... €
Pflegestufe 1	450	665
Pflegestufe 2	1.100	1.250
Pflegestufe 3	1.550	1.550

Weil die Tagespflege nur einen Teil der täglichen Betreuung abdeckt, musste bisher die restliche Versorgung zu Hause komplett privat finanziert werden. Seit der Pflegereform 2008 gilt folgende neue Regelung für die Kombination mit häuslicher Pflege. Sie betrifft Pflegesachleistung nach § 36, Pflegegeld nach § 37 sowie Kombinationsleistung nach § 38. In Kombination mit Tagespflege dürfen beide Leistungsbereiche, das heißt also Tagespflege und Pflegesachleistung und/oder Pflegegeld zusammen 150 Prozent des Leistungsbetrags ausmachen, wobei jeder Bereich allein zu nicht mehr als 100 Prozent ausgeschöpft werden darf. Die folgende Tabelle zeigt mögliche prozentuale Aufteilungen:

Kombination Tagespflege und ambulante Pflege	
Leistungen der Tages- und Nachtpflege (in %)	Sachleistung/ Pflegegeld/Kombination (in %)
100	50
90	60
80	70
70	80
60	90
50	100
40	100
30	100
20	100
10	100

Zu beachten sind hierbei die unterschiedlich hohen Sachleistungsbeträge, die Pflegebedürftige mit erheblich eingeschränkter Alltagskompetenz haben. Das folgende Beispiel verdeutlicht die Umsetzung in der Praxis.

Beispiel

1. Herr Müller (Pflegestufe 1) besucht jeden Tag die Tagespflege. Er bekommt dafür monatlich von der Pflegeversicherung Tagespflegeleistungen in Höhe von 450 Euro (100 Prozent). Morgens zu Hause versorgt ihn ein Pflegedienst („Kleine Morgentoilette"). Hierfür bezahlt die Pflegekasse Pflegesachleistungen von maximal 225 Euro (50 Prozent).
2. Als Herr Müller nur noch jeden Dienstag und Donnerstag in die Tagespflege geht, erhält er Tagespflegekosten von monatlich 270 Euro (60 Prozent). Zu Hause wird er weiterhin morgens vom Pflegedienst für 225 Euro (50 Prozent) versorgt. Damit bleibt von seinem Leistungsanspruch von insgesamt 150 Prozent noch ein Pflegegeldanteil von 40 Prozent übrig, was 94 Euro entspricht.
3. Im Monat Mai mit den vielen Feiertagen ist Herr Müller nur halb so oft in der Tagespflege, dafür hat die Einrichtung 135 Euro (30 Prozent) Pflegekosten berechnet. Zu Hause stehen ihm dann neben den 225 Euro Pflegesachleistungen (50 Prozent) 50 Prozent als Pflegegeld zu, das sind 118 Euro. Da er in jedem Teilbereich maximal 100 Prozent der Leistung ausschöpfen darf, kann er die in der Tagespflege nicht „verbrauchten" 20 Prozent nicht beanspruchen.

Dieses Beispiel ist noch einmal in einer Tabelle übersichtlich zusammengefasst.

Beispiel: Mögliche Kombinationen in der Pflegestufe 1			
	Tagespflege	Sachleistung	Pflegegeld
Beispiel 1	450 €	225 €	0 €
		50 %	0 %
	100 %	50 %	

Beispiel 2	270 €	225 €	94 €
		50 %	40 %
	60 %	90 %	

Beispiel 3	135 €	225 €	118 €
		50 %	50 %
	30 %	100 %	

Für Pflegebedürftige mit erheblich eingeschränkter Alltagskompetenz sieht die Rechnung gleich aus, ihnen stehen aber sowohl zu Hause als auch in der Tagespflege höhere Sachleistungen zur Verfügung.

Weiterhin ist nun geregelt, dass die ambulanten Leistungen immer vor den Leistungen der Tagespflege abgezogen werden. Mögliche Eigenanteile sollen so möglichst über die Tagespflege abgerechnet werden, weil hier auch die sogenannten Hotel- und Investitionskosten privat anfallen. Für die Finanzierung der Tagespflege können alternativ oder ergänzend die Leistungen der Verhinderungspflege sowie die Zusätzlichen Betreuungsleistungen eingesetzt werden. Die Zusätzlichen Betreuungsleistungen dürfen auch für Hotel- und Investitionskosten verwendet werden.

Unter welchen Umständen ist die stationäre Kurzzeitpflege möglich?

Ähnlich wie die Verhinderungspflege nach § 39 ist die stationäre Kurzzeitpflege dazu da, in Krisen oder bei Abwesenheit/Ausfall der Pflegeperson eine dauerhafte stationäre Versorgung zu verhindern.

Beispiel

Frau Vollmer versorgt ihren Vater, der in Pflegestufe 2 ist, allein, also ohne die Mitarbeit eines Pflegedienstes. Beim Einkaufen stürzt sie unglücklich und bricht sich den Arm. Während der nächsten 3 Wochen wird sie einen Gips tragen und kann den Arm nicht belasten. Sie und ihr Vater entscheiden gemeinsam, dass er in dieser Zeit in die nahe gelegene Kurzzeitpflegeeinrichtung geht, sodass sich die Tochter beruhigt erholen kann.

Die Kurzzeitpflege ist auch sinnvoll einzusetzen, wenn nach einem Krankenhausaufenthalt die häusliche Pflegesituation noch nicht eingerichtet ist, beispielsweise wenn noch eine Tür umgebaut werden muss, damit der Pflegebedürftige mit dem notwendig gewordenen Rollstuhl ins Schlafzimmer fahren kann.

Die Kurzzeitpflege wird in einer stationären Einrichtung durchgeführt und entsprechend finanziert. Für die Pflege steht pro Jahr 1.550 Euro zur Verfügung, der Betrag ist für alle Pflegestufen gleich hoch.

Dieser Betrag darf für maximal 28 Tage ausgegeben werden, das kann komplett oder in mehreren Stücken geschehen. Sind jedoch 28 Tage im Jahr erreicht, kann nicht mehr Leistung in Anspruch genommen werden, selbst wenn noch nicht der volle Betrag ausgegeben wurde. Der Anspruch auf Kurzzeitpflege besteht von Beginn der Pflegebedürftigkeit an, es gibt hier anders als bei der Verhinderungspflege keine Wartezeit. Wie schon erwähnt: Zur Finanzierung der Kurzzeitpflege können die Verhinderungspflege (§ 39) für pflegebedingte Aufwendungen sowie die Zusätzlichen Betreuungsleistungen (§ 45 b) darüber hinaus für Hotel- und Investitionskosten eingesetzt werden.

Bei der Kurzzeitpflege handelt es sich um eine stationäre Leistung. Es gibt sowohl eigenständige Kurzzeitpflegeeinrichtungen – das sind solche, die ausschließlich Kurzzeitpflege anbieten – als auch „eingestreute" Kurzzeitpflegeplätze in Pflegeheimen, in denen Pflegebedürftige dauerhaft untergebracht werden. Der Vorteil der zweiten Variante besteht darin, dass der Pflegebedürftige das Heim während des kürzeren Aufenthalts erst einmal kennenlernen und selbst prüfen kann, ob er sich hier so wohlfühlt, dass er dauerhaft darin wohnen und leben möchte.

Tipp

Kurzzeitpflege als eigenständige Versorgungsform

Angehörige nutzen einen Kurzzeitpflegeaufenthalt oftmals dazu, den Pflegebedürftigen auf den Einzug in ein Heim vorzubereiten. Das kommt selbst dann vor, wenn der Pflegebedürftige das grundsätzlich nicht will und es mit ihm auch nicht so verabredet wurde. Ein solcher Versuch quasi durch die Hintertür löst meist starke Verstimmungen aus und führt zu großen Akzeptanzproblemen. Daher sollte die Kurzzeitpflege als eigenständige

Versorgungsform verstanden werden. Selbst wenn der Pflegebedürftige später dauerhaft in das betreffende Heim ziehen soll, wäre es sinnvoll, ihn nicht einfach dazulassen, sondern davor zumindest für eine (kurze) Zeit nach Hause zu holen. So lässt sich eher vermeiden, dass der Pflegebedürftige den Eindruck bekommt, die Angehörigen hätten gleich die Chance ergriffen, um ihn abzuschieben. So versteht er vielleicht auch, dass die Versorgung im Heim eine echte und durchaus auch angenehme Alternative für ihn und seine Angehörigen darstellt.

Versorgung im Pflegeheim: die vollstationäre Pflege

Die vollstationäre Pflege im Pflegeheim ermöglicht eine erheblich zuverlässigere Versorgung, als sie im eigenen Zuhause zu organisieren ist. Ähnlich wie in einem Hotel werden alle wesentlichen Dinge organisiert und geregelt, zum Beispiel die Versorgung mit regelmäßigen Mahlzeiten, hauswirtschaftliche Dinge wie das Reinigen der Wäsche oder des Zimmers sowie zusätzlich die im Einzelfall notwendige pflegerische Versorgung.

Kontakte zu anderen Menschen sind wichtig

Wer zu Hause wohnt, kaum noch Freunde hat und selten rausgeht, fühlt sich sicher oft sehr allein. Auch im Heim sind die Menschen mit dafür verantwortlich, wie viel Kontakt sie zu anderen haben. Doch gibt es hier mehr Möglichkeiten, andere Bewohner kennenzulernen und gemeinsam etwas zu unternehmen. Dazu gehört die Bereitschaft, das eigene Zimmer zu verlassen und auf andere zuzugehen. Wenn es sich um ein gutes Heim handelt, werden sich die Mitarbeiter immer bemühen, hierbei zu helfen, und Kontakte knüpfen. Dennoch gilt für die Angehörigen und Bekannten außerhalb des Heims: Jeder Bewohner ist weiterhin auf ihre Kontakte angewiesen. Der Umzug ins Heim bedeutet nicht, dass Besuche und Betreuung wegfallen sollten. Um es auf den Punkt zu bringen: Das Heim übernimmt die Versorgung des Pflegebedürftigen, doch die Zuwendung von Angehörigen, Freunden oder Nachbarn kann hier wie vorher auch zu Hause niemand ersetzen.

• •

Die stationäre Pflege wird als Leistung von der Pflegeversicherung nur dann finanziert, wenn die ambulante Pflege und/oder teilstationäre Pflege zur Versorgung nicht (mehr) ausreicht. Entscheidet sich der Pflegebedürftige freiwillig für die stationäre Pflege, erhält er von der Pflegekasse nur Leistungen in Höhe der ambulanten Sätze nach § 36 SGB XI (siehe Kapitel 5 unter „Unterstützung durch Pflegedienste: die Pflegesachleistungen").

Beim Einzug in das Pflegeheim wird immer ein sogenannter Heimvertrag abgeschlossen, in dem die Leistungen sowie die Rechte und Pflichten des Heims und des Bewohners beschrieben sind. Dieser Vertrag umfasst sowohl die Vermietung des Zimmers als auch die pflegerische und sonstige Versorgung. Wie sich die Finanzierung gestaltet, haben Sie ja bereits gelesen. Die Pflegeversicherung stellt für die Finanzierung der stationären Pflegesätze die in der folgenden Tabelle aufgeführten Leistungsbeträge zur Verfügung.

Leistungsbeträge (ab 1.1.2012)	
	Bis zu ... €
Pflegestufe 1	1.023
Pflegestufe 2	1.279
Pflegestufe 3	1.550
Härtefall	1.918

Die Härtefallleistungen sind, wie schon bei der Pflegesachleistung erklärt, laut Gesetzestext bei der stationären Pflege auf fünf Prozent der Leistungsempfänger der Pflegestufe 3 beschränkt. In der Praxis ist diese Beschränkung durch die Kriterien der Härtefallrichtlinie sichergestellt (siehe auch Kapitel 3 unter „Welche Faktoren werden bei der Einstufung berücksichtigt?").

Für die Zeit, die sich ein Bewohner nicht im Pflegeheim aufhält, zum Beispiel während eines Krankenhausaufenthalts oder Urlaubs bei Angehörigen, wird eine Abwesenheitsvergütung im Heimvertrag festgelegt. In den ersten drei Tagen wird das volle Heimentgelt fällig, danach ist ein Abschlag von mindestens 25 Prozent der Entgelte für die Pflegevergütung und der Hotelkosten vorzunehmen. Die übrigen Kosten fallen an, auch wenn das Heim in dieser Zeit weniger Kosten hat. Dennoch muss das Heim beispielsweise das Personal so vorhalten, das bei einer (auch sehr kurzfristigen) Rückkehr der Bewohner wieder versorgt werden kann. Die Investitionskosten hingegen werden nicht reduziert. Da sie der Kaltmiete zu Hause entsprechen, ist dies nachvollziehbar: Im Urlaub fällt ja zu Hause trotzdem die Miete an.

Einrichtungen, die sich auf die Betreuung besonderer Gruppen spezialisiert haben, zum Beispiel auf demente Pflegebedürftige, können darüber hinaus einen eigenständigen Zuschlag für besondere Leistungen auf die Pflegevergütung vereinbaren (§ 87b), der jedoch vollständig von den Pflegekassen außerhalb der Pflegesätze finanziert wird. Das gilt allerdings nur für die Bewohner, bei denen eine erheblich eingeschränkte Alltagskompetenz festgestellt wurde (siehe Kapitel 3 unter „Wie läuft die Begutachtung des Pflegebedürftigen ab?"), und nur dann, wenn diesen auch besondere Angebote offenstehen, für die zusätzliches Personal vorhanden ist.

Was gilt bei der vollstationären Pflege für behinderte Menschen?

Jüngere behinderte Menschen können im Sinne der Pflegeversicherung ebenfalls als pflegebedürftig eingestuft und damit leistungsberechtigt sein. Allerdings werden sie in der Regel nicht in den üblichen Pflegeheimen versorgt, sondern in vollstationären Einrichtungen der Hilfe für behinderte Menschen. Hier muss laut Gesetz die Teilhabe am Arbeitsleben und am Leben in der Gemeinschaft, die schulische Ausbildung oder die Erziehung behinderter Menschen im Vordergrund stehen (§ 43a Absatz 1 SGB XI).

Für Pflegebedürftige, die in diesen Einrichtungen leben, übernimmt die Pflegekasse pflegebedingte Aufwendungen in Höhe von maximal 256 Euro im Monat. Die restlichen Kosten trägt in der Regel der zuständige Sozialhilfeträger. Werden behinderte Pflegebedürftige am Wochenende oder in den

Ferien von Familienangehörigen betreut, sind auch ambulante Leistungen der Pflegeversicherung möglich.

Gut zu wissen

Immer erst die Kurzzeitpflege wählen

Die Leistung der Kurzzeitpflege sollte immer (erst) gewählt werden, auch wenn der Pflegebedürftige bereits weiß, dass er dauerhaft im Pflegeheim bleiben will. Da die Leistung der Kurzzeitpflege nicht von den Pflegestufen abhängt, ist so bei den Pflegestufen 1 und 2 zumindest kurzzeitig ein höherer Zuschuss der Pflegekasse möglich. Gleichzeitig haben Angehörige und Pflegebedürftige (vielleicht auch nochmals) eine Probezeit, um zu sehen, ob alle generell mit der Versorgung im Heim oder genau in dem gewählten Heim leben können.

Zum guten Schluss: das Wichtigste in Kürze

Ohne Antrag und ohne Einstufungen keine Leistungen!
Pflegeversicherungsleistungen gibt es nur, wenn der Pflegebedürftige auf eigenen Antrag hin

→ in eine Pflegestufe eingestuft und/oder
→ eine erheblich eingeschränkte Alltagskompetenz festgestellt ist (Sach- und Geldleistungen ohne Pflegestufe sowie Zusätzliche Betreuungsleistungen).

Nur die Teilnahme an allgemeinen Schulungsmaßnahmen für die Pflegepersonen ist unabhängig von einer konkreten Pflege oder Einstufung möglich.

Das Pflegetagebuch: Hilfsmittel zur Ermittlung einer Pflegestufe
Mithilfe eines Pflegetagebuchs können Sie selbst einfach und zugleich realistisch ermitteln, ob Ihr Angehöriger und wenn ja, in welche Pflegestufe er möglicherweise einzustufen wäre. Genauso gut geeignet ist es zur Prüfung, ob und wann Sie einen Höherstufungsantrag stellen sollten.

Ausbau der Pflegeberatung
Das Informations- und Beratungsangebot rund um die Pflege und Versorgung wird breiter und wohnortnaher organisiert. Die schon bestehenden Beratungsangebote der Pflegedienste und Heime werden durch die Pflegeberater der Pflegekassen erweitert, die wohnortnah in Pflegestützpunkten angesiedelt sind. So wird es einfacher, alle offenen Fragen schnell zu klären. Und beim Erstantrag gibt es ein Beratungsangebot innerhalb der ersten 14 Tage.

Die drei Leistungsschwerpunkte der Pflegeversicherung

1. Unterstützung und Absicherung der Pflegepersonen, damit diese die Pflege ihrer Angehörigen übernehmen und durchführen, durch Schulung, Pflegegeld, soziale Absicherung und das Pflegezeitgesetz.
2. Weitere Unterstützung der häuslichen Pflege durch Leistungen der Pflegedienste: praktische Pflege, auch in Kombination mit anteiligem Pflegegeldbezug, Häusliche Betreuung für alle Pflegebedürftigen, Verhinderungspflege und Zusätzliche Betreuungsleistungen. Notwendige Pflegehilfsmittel und

Zuschüsse zur Verbesserung des Wohnumfelds erleichtern das Leben und die Versorgung von Pflegebedürftigen.

3. Eine zeitweise Entlastung ist auch durch stationäre Einrichtungen möglich; tagsüber mit der Tagespflege oder zeitweise in der Kurzzeitpflege.

Wenn diese Wege der Versorgung zu Hause nicht (mehr) möglich sind, bietet das Pflegeheim eine dauerhafte und umfassende Versorgung an.

Menschen mit erheblich eingeschränkter Alltagskompetenz, zum Beispiel durch Demenz, erhalten mehr Sach- und Geldleistungen.

Die oft vergessenen Leistungen

Vergessen Sie nicht, die Verhinderungspflege und die Betreuungsleistungen (wenn hierfür berechtigt) jährlich zu nutzen. Diese Entlastungsleistungen und -zeiten tun allen Beteiligten gut und sorgen dafür, dass die Pflege zu Hause länger möglich bleibt!

Pflege auf Probe

Mit den folgenden Leistungen lässt sich die Pflege „erproben":

→ Pflegegeldbezieher erproben Leistungen durch einen Pflegedienst über die Verhinderungspflege.

→ Ein Pflegeheim können Sie von innen über die Kurzzeitpflege kennenlernen.

→ Pflegen kann durch die Schulungsangebote (kennen-)gelernt werden.

→ Pflegen statt arbeiten? Die Pflegezeit lässt sich als Probezeit nutzen, um herauszufinden, ob man wirklich pflegen will, statt weiter zu arbeiten.

Keine Entscheidung ist endgültig!

Man kann prinzipiell alle Leistungen jederzeit ändern, selbst aus einem Pflegeheim kann man (mit einer normalen Kündigungsfrist wie auch bei eigenen Wohnungen) wieder ausziehen.

Anhang

Pflegetagebuchformular

Pflegebedürftige(r):

Tagesdatum:

1. Körperpflege	Hilfeart	1. x Uhrzeit	Dauer	2. x Uhrzeit	Dauer	3. x Uhrzeit	Dauer	4. x Uhrzeit	Dauer	5. x Uhrzeit	Dauer	6. x Uhrzeit	Dauer	7. x Uhrzeit	Dauer	8. x Uhrzeit	Dauer	gesamt Anzahl	Dauer
Ganzkörperwäsche																			
Teilwäsche Oberkörper																			
Teilwäsche Unterkörper																			
Teilwäsche Hände/Gesicht																			
Duschen																			
Baden																			
Zahnpflege																			
Kämmen																			
Rasieren																			
Wasserlassen (inkl. Hygiene)																			
Stuhlgang (inkl. Hygiene)																			
Richten der Bekleidung																			
Wechseln Windeln n. Wasserl.																			
Wechseln Windeln n. Stuhlg.																			
Wechseln kleiner Vorlagen																			
Wechseln/Entleeren Urinbeutel																			
Wechseln/Entl. Stomabeutel																			
Verr. krankenspez. Pflege																			

1. Körperpflege gesamt

2. Ernährung	Hilfeart																		
Mundgerechtes Zubereiten																			
Aufnahme der Nahrung																			
Verr. krankenspez. Pflege																			

2. Ernährung gesamt

Pflegetagebuch Seite 2

3. Mobilität

Hilfe-art	1. x		2. x		3. x		4. x		5. x		6. x		7. x		8. x		gesamt	
	Uhrzeit	Dauer	Uhrzeit	Dauer	Uhrzeit	Dauer	Uhrzeit	Dauer	Uhrzeit	Dauer	Uhrzeit	Dauer	Uhrzeit	Dauer	Uhrzeit	Dauer	Anzahl	Dauer
Hilfe b. Aufstehen/Zubettgehen																		
Umlagern																		
Ankleiden gesamt																		
Ankleiden Ober-/Unterkörper																		
Entkleiden gesamt																		
Entkleiden Ober-/Unterkörper																		
Gehen																		
Stehen/Transfer																		
Treppensteigen																		
Verl./Wiederaufs. d. Woh.																		
Verr. krankenspez. Pflege																		

3. Mobilität gesamt

Gesamtsumme: Dauer Hilfebedarf Grundpflege pro Tag:

4. Hauswirtschaft

Einkaufen																	
Kochen																	
Reinigen der Wohnung																	
Spülen																	
Wechseln/Waschen d. Wäsche																	
Beheizen																	

4. Hauswirtschaft gesamt

Die oben dokumentierte Hilfe wurde geleistet von: Namen Pflegepersonen/-dienst

Hilfearten (erste Spalte): U = Unterstützung; TU = teilweise Unterstützung; VÜ = vollständige Übernahme; B = Beaufsichtigung; A = Anleitung

Verrichtungsbezogene krankenspezifische Pflegemaßnahme: medizinisch-pflegerische Maßnahme, die untrennbar mit Grundpflege verbunden ist, insbesondere Sekretabsaugung, medizinische Einreibung, Klistier/Einlauf, Einmalkatheterisierung, An- und Ausziehen Kompressionsstrümpfe (ab Klasse 2)

Wichtige Fundstellen

An dieser Stelle haben wir Quellen für Sie aufgeführt, die ausführliche Materialien bereitstellen. Nutzen Sie diese, wenn Sie sich mit der Pflegeversicherung und ihrer Umsetzung beschäftigen.

Gesetzestexte

→ In Papierform erhalten Sie diese in der Regel bei den zuständigen Ministerien, zum Beispiel beim Bundesministerium für Gesundheit (www.bmg.bund.de).

→ Generell sind alle Bundesgesetze auch unter www.gesetze-im-internet.de zu finden. Dabei handelt es sich um ein Angebot des Bundesministeriums für Justiz.

Daten und Fakten zur Pflegeversicherung

Den fünften Bericht über die Entwicklung der Pflegeversicherung, der am 20.12.2011 veröffentlicht wurde, finden Sie unter www.bmg.bund.de.

Pflege-Begutachtungsrichtlinie

Die jeweils aktuelle Fassung finden Sie unter www.mds-ev.de oder bei Ihrer Pflegekasse oder Ihrem Pflegedienst. Die Härtefallrichtlinien sind Bestandteil dieser Richtlinie.

Rentenversicherung

Die Deutsche Rentenversicherung als zuständiger Versicherungsträger gibt eine Broschüre zur Rente für Pflegepersonen heraus. Sie ist über das Internet unter www.drv-bund.de oder direkt bei der Deutschen Rentenversicherung zu beziehen.

Gesetzliche Unfallversicherung

Das Merkblatt Unfallversicherung für Pflegepersonen können Sie unter www.unfallkassen.de herunterladen.

Arbeitsförderung, Berufsrückkehrer

Detaillierte Auskünfte über die Förderung beim beruflichen Wiedereinstieg erhalten Sie direkt bei der örtlichen Agentur für Arbeit oder im Internet unter www.arbeitsagentur.de.

Adressen von Pflegediensten und Pflegeheimen

→ Die Internetadressen bei der AOK lauten: www.aok-pflegedienstnavigator.de beziehungsweise www.aok-pflegeheimnavigator.de.
→ Die Ersatzkassen haben ihr Angebot „Pflegelotse" genannt (www.pflegelotse.de).
→ Der BKK-Bundesverband veröffentlicht die Daten unter www.bkk-pflegefinder.de.

Pflegetagebuch

Unser Formular eines Pflegetagebuchs finden Sie im Internet unter www.stern.de/neuepflegeversicherung.

Umrechnungstabellen

Die Umrechnungstabellen zu Sachleistungen und Pflegegeld als Kombinationsleistung finden Sie unter der Adresse www.stern.de/neuepflegeversicherung.

Stichwortverzeichnis

Abwesenheitsvergütung 150
Aktivierende Pflege 44
Ambulante Leistungen 67
Antrag 66, 67
Antragsverfahren 69, 71
Arbeitslosenversicherung, freiwillige 111
Ausbildungsvergütung 123
Beamte 11, 107
Befristung der Pflegestufe 80
Begutachtung im Pflegeheim 85
Begutachtung nach Aktenlage 85
Begutachtungsverfahren 17, 73
Beitragssatz 16
Beratungsbesuche bei Pflegegeldbe-
    zug 94, 95
Beratungsgutschein 22
Berufsrückkehrer 102, 159
Bescheid über Pflegestufe 70
Durchschnittliche häusliche Wohnsitua-
    tion 37
„Eh-da"-Leistungen 54
Ehrenamtliche Unterstützung, Zuschlag
    für 124
Erheblich eingeschränkte Alltagskompe-
    tenz 18, 19, 28, 38
Erhebliche Pflegebedürftigkeit 33
Erheblicher allgemeiner Betreuungsbe-
    darf 28, 38, 95
Erheblicher allgemeiner Betreuungsbe-
    darfs 68
Ernährung 30, 33, 34, 45, 48
Fallmanagement 23

Finanzierung der stationären Pflege
    142
Gesetzliche Pflegeversicherung 16
Grundpflege 30
Gutachter 35, 36
Härtefallleistung ambulant 115
Härtefallleistung stationär 150
Härtefallregelung 34, 84
Häusliche Betreuung 119
Häusliche Pflege 61, 62
Hauswirtschaft 30, 33, 58
Heimvertrag 150
Hilfearten 32
Hilfebedürftige 11
Höherstufungsantrag 75, 83
Höherstufungsantrag des Pflege-
    heims 86
Hotelkosten 142
Individuelle Wohnsituation 55
Investitionskosten ambulant 124
Investitionskosten stationär 143
Kinder 45, 52, 54
Kombinationsleistung 67, 125, 129
Körperpflege 30, 33, 34, 45
Kurzfristige Arbeitsverhinderung 103,
    104, 107
Kurzzeitpflege 147, 148, 152
Laienpflegekraft siehe Pflegeperson 43
Leistungskataloge 118
Leistungskomplexe 116, 117, 121
Maßnahmen zur Verbesserung des
    Wohnumfelds 135, 137

Medizinischer Dienst der Kranken-
versicherung 11
Mobilität 30, 33, 34, 45, 49
Nächtlicher Grundpflegebedarf 56
Nachtpflege 144
Neutrale Beratung 23
Pflegebedürftiger 11
Pflegebedürftigkeit 15, 18
Pflegeberatung 22, 26
Pflegefachkraft 12
Pflegegeld 92, 93, 94
Pflegegeld im Ausland 94
Pflegeheim 149, 150, 152
Pflegehilfsmittel 135, 136, 137
Pflegehilfsmittelverzeichnis 138
Pflegeperson 12, 43
Pflegesachleistung 114, 121
Pflegesatz 142
Pflegestufen 12, 27, 29, 32, 35
Pflegestützpunkt 26
Pflegetagebuch 53, 54, 75
Pflegeverbrauchsmittel 136
Pflege-Weiterentwicklungsgesetz 22
Pflegezeit 104, 105, 106, 107
Pflegezeitgesetz 12, 102, 103
Poolen 121, 138
Preisvergleichslisten 22
Private Pflegeversicherung 83
Psychisch Kranke 52, 53
Rehabilitationsmaßnahmen 64
Rentenversicherung 99, 100
Richtlinien zur Begutachtung 57, 59
Rückstufungsprämie 86
Schulung der Pflegepersonen 90
Schwerstpflegebedürftigkeit 33
Soziale Sicherung der Pflegeperson 16,
99

Spannbreite der Pflegestufen 84
Stationäre Leistungen 68
Stationäre Pflege 141, 150
Tagespflege 144, 145
Teilkaskoversicherung 15
Terminabsprache mit MDK 73
Überleitungspflege 91
Unfallversicherung 98, 159
Unterlagen für die Begutachtung 74
Urlaubspflege siehe Verhinderungspfle-
ge 130
Verhinderungspflege 130
Verrichtungen 30
Verrichtungsbezogene krankenspezifische
Pflegemaßnahmen 30
Versorgungsplan 23, 24
Versorgungssituation 24, 36
Versorgungsvertrag 114, 132
Vertretung 132
Vollstationäre Pflege 149
Vollstationäre Pflege für behinderte
Menschen 151
Vorbereitung auf Begutachtung 71
Widerspruch 82, 83
Widerspruch, Rücknahme 85
Widerspruchsausschuss 83
Wohngemeinschaft 121, 123
Wohngemeinschaft, ambulante 138
Wohnsituation 37
Zeitabrechnung 117
Zeitaufwand 32, 42, 43, 50, 55, 77
Zeitkorridore 43, 44
Zusatzleistungen 143
Zusätzliche Betreuung 120
Zusätzliche Betreuungsleistung 134
Zusätzliche Betreuungsleistungen 134
Zuschussleistung 15

Weitere Titel

Barbara Kettl-Römer
- **Was macht mein Kind im Netz?**
  Der Social-Media-Ratgeber für Eltern
  ISBN 978-3-7093-0480-8
  2012, 160 Seiten
  EUR 9,90 (D/A)

Bernhard F. Klinger (Hrsg.)/Klaus Becker/Stephan Konrad/
Wolfgang Roth/Johannes Schulte
- **Der letzte Weg**
  Tod – Begräbnis – Erbe. Alle notwendigen Maßnahmen für den Todesfall
  ISBN 978-3-7093-0479-2
  2012, 168 Seiten
  EUR 9,90 (D/A)

Ulrich Goetze/Michael Röcken
- **Der Verein**
  Gründung – Recht – Finanzen – PR – Sponsoring. Alles, was Sie wissen müssen
  ISBN 978-3-7093-0474-7
  2012, 192 Seiten
  EUR 9,90 (D/A)

Andrea Westhoff/Justin Westhoff
- **Pflege daheim oder Pflegeheim?**
  Was Sie bei Pflegebedürftigkeit von Angehörigen tun können und wo Sie
  Unterstützung bekommen
  ISBN 978-3-7093-0364-1
  2012, 168 Seiten
  EUR 9,90 (D/A)

Bernhard F. Klinger (Hrsg.)/Armin Abele/Klaus Becker/Thomas Maulbetsch/
Wolfgang Roth
- **Der Vorsorgeplaner**
Wie Sie durch Vollmachten, Verfügungen und Testamente für den Krankheits-,
Pflege- und Erbfall vorsorgen
ISBN 978-3-7093-0356-6
2011, 192 Seiten
EUR 9,90 (D/A)

Andreas Lutz/Monika Schuch
- **Existenzgründung**
Was Sie wirklich wissen müssen. Die 50 wichtigsten Fragen und Antworten
ISBN 978-3-7093-0351-1
2011, 208 Seiten
EUR 14,90 (D/A)

Stephan Konrad/Franz Kopinski
- **Wohnungseigentum – Ihre Rechte und Pflichten.**
Erwerb – Verwaltung – Vermietung
ISBN 978-3-7093-0355-9
2011, 168 Seiten
EUR 9,90 (D/A)

Ludger Bornewasser/Bernhard F. Klinger
- **Der Streit ums Erbe**
Wie Sie Ihre Interessen wahren und Konflikte vermeiden. Spannende Fälle aus
der Praxis zeigen, worauf es ankommt.
ISBN 978-3-7093-0328-3
2011, 160 Seiten
EUR 9,90 (D/A)

Bernhard F. Klinger (Hrsg.)/Florian Enzensberger/Thomas Maulbetsch/
Joachim Müller/Wolfgang Roth
- **Betreuung von Angehörigen**
Bestellung – Aufgaben, Rechte und Pflichten – Kosten – Haftung. Antworten
auf alle wesentlichen Fragen zum Betreuungsrecht
ISBN 978-3-7093-0338-2
2011, 160 Seiten
EUR 9,90 (D/A)

Stefanie Kubosch/Julia Kleine/Annette Eicker
- **Gekündigt – was tun?**
Von Abfindung bis Zeugnis: Ihre Rechte – Ihre Chancen. Wie Sie wieder Mut fassen und beruflich neu durchstarten.
ISBN 978-3-7093-0337-5
2011, 152 Seiten
EUR 9,90 (D/A)

Rudolf Stumberger
- **Hartz IV**
Das aktuelle Gesetz mit den neuen Regelungen. Mit verständlichen Erklärungen zum Ausfüllen des Antrages.
ISBN 978-3-7093-0331-3
5. Auflage 2011, 152 Seiten
EUR 9,90 (D/A)

Astrid Congiu-Wehle/Agnes Fischl
- **Der Ehevertrag**
Wie Sie Vorsorge für Ehe, Trennung und Scheidung treffen
ISBN 978-3-7093-0304-7
2010, 160 Seiten
EUR 9,90 (D)/EUR 10,20 (A)

Joachim Mohr/Frank Lechner
- **Alleinerziehend – das sind Ihre Rechte**
ISBN 978-3-7093-0259-0
2010, 160 Seiten
EUR 9,90 (D)/EUR 10,20 (A)

Gordian Philipps/Susanne Lebek
- **Erfolgreich durchs Assessment-Center**
ISBN 978-3-7093-0321-4
2010, 184 Seiten
EUR 14,90 (D)/EUR 15,40 (A)

Andrea Westhoff/Justin Westhoff
- **Ihre Rechte als Kassenpatient**
Wie Sie auch als gesetzlich Versicherter von Ärzten und Kassen bekommen, was Ihnen zusteht
ISBN 978-3-7093-0295-8
2010, 160 Seiten
EUR 9,90 (D)/EUR 10,20 (A)

Roland Stimpel
- **In 10 Schritten zum Eigenheim**
Planen, kaufen, bauen: Von der Suche bis zur Finanzierung – Ihr Wegweiser zum eigenen Haus
ISBN 978-3-7093-0288-0
2010, 160 Seiten
EUR 9,90 (D)/EUR 10,20 (A)

Bernhard F. Klinger (Hrsg.)/Sven Klinger/Joachim Mohr/Wolfgang Roth/ Johannes Schulte
- **Patientenverfügung und Vorsorgevollmacht**
Was Ärzte und Bevollmächtigte für Sie in einem Notfall tun sollten. Was die Neuregelung für Sie konkret bedeutet.
ISBN 978-3-7093-0289-7
2. Auflage 2009, 144 Seiten
EUR 9,90 (D)/EUR 10,20 (A)

Bernhard F. Klinger
- **Das Testament**
Konkrete Anleitungen für alle Lebensmodelle – vom Single bis zur Patchwork-Familie. Wie Sie Streit vermeiden und Steuern sparen.
ISBN 978-3-70930264-4
2009, 168 Seiten
EUR 9,90 (D)/EUR 10,20 (A)

Michael Schröder
- **Scheidung – aber fair**
Sorgerecht – Unterhalt – Umgangsrecht. Es geht auch friedlich, wenn die Vernunft siegt.
ISBN 978-3-7093-0272-9
2. Auflage 2009, 176 Seiten
EUR 9,90 (D)/EUR 10,20 (A)

Eva Schmitz-Gümbel/Karin Wistuba
- **Erfolgreich zum Traumjob**
Coaching zur Berufswahl für Eltern und Schüler
ISBN 978-3-7093-0213-2
2008, 168 Seiten
EUR 9,90 (D)/EUR 10,20 (A)

Astrid Congiu-Wehle/Joachim Mohr
- **Das neue Unterhaltsrecht**
Wie viel bekomme ich? Wie viel muss ich zahlen?
ISBN 978-3-7093-0229-3
2008, 168 Seiten
EUR 9,90 (D)/EUR 10,20 (A)

Karin Spitra/Ulf Weigelt
- **Ihr Recht als Arbeitnehmer**
Vom Vorstellungsgespräch bis zur Kündigung – was darf der Chef?
ISBN 978-3-7093-0218-7
2008, 192 Seiten
EUR 9,90 (D)/EUR 10,20 (A)

Wolfgang Jüngst/Matthias Nick
- **Arbeiten und Leben im Ausland**
Auswandern oder Überwintern: alle wichtigen Informationen.
Mit 10 Länderkapiteln von Schweiz bis USA.
ISBN 978-3-7093-0214-9
EUR 9,90 (D)/EUR 10,20 (A)

Tibet Neusel/Sigrid Beyer/Kathrin Arrocha
- **Immobilienkauf**
Haus oder Wohnung – Alles über Finanzierung, Recht und Steuern
ISBN 978-3-7093-0195-1
2008, 190 Seiten
EUR 9,90 (D)/EUR 10,20 (A)

Andrea Erdmann/Andreas Kobschätzky
- **Erfolgreich bewerben**
Von der systematischen Vorbereitung zum souveränen Bewerbungsgespräch und fairen Arbeitsvertrag
ISBN 978-3-7093-0187-6
2008, 176 Seiten
EUR 9,90 (D)/EUR 10,20 (A)

Wolfgang Jüngst/Matthias Nick
- **Wenn der Nachbar nervt**
Rechte und Pflichten in der Nachbarschaft
ISBN 978-3-7093-0174-6
2007, 160 Seiten
EUR 9,90 (D)/EUR 10,20 (A)

Inken Wanzek/Christine Rosenboom
- **Arbeitsplatz in Gefahr – Das sind Ihre Rechte**
Kündigung – Beschäftigungsgesellschaft – Aufhebungsvertrag – Mobbing – Trennungsgespräche
ISBN 978-3-7093-0152-4
2007, 240 Seiten
EUR 14,90 (D)/EUR 15,40 (A)

Alle Titel sind auch als E-Book erhältlich!